Keiko Wilhelm

VORSICHT, JAPANER AUF REISEN!

Bibliografische Information der Deutschen Nationalbibliothek:
Die Deutsche Nationalbibliothek verzeichnet diese Publikation in
der Deutschen Nationalbibliografie; detaillierte bibliografische Daten
sind im Internet über www.dnb.de abrufbar.

© 2015 Keiko Wilhelm
Herstellung und Verlag: BoD – Books on Demand, Norderstedt
Lektorat: Gisela Fichtl
Umschlaggestaltung: Christian Fuchs
ISBN: 9783738634303

Inhalt

Neuschwanstein, bring mir den Tod!

Es war Anfang September, und ich hatte eine kleine Reisegruppe, die ich nach Europa begleiten sollte. Der September ist mein Lieblingsreisemonat. Das Klima in Europa ist im September normalerweise sehr angenehm. In südlichen Ländern wie Italien und Spanien wird es nicht mehr so extrem heiß, und in den nördlichen Breiten, wie Deutschland und Skandinavien, ist es noch nicht ungemütlich kalt. Außerdem sind die Schulferien bereits zu Ende, und es reisen keine Kinder mehr mit. Nicht dass ich etwas gegen Kinder hätte, im Gegenteil, aber mit Kindern verlaufen Reisen oft nicht ganz so reibungslos. Für mich als Reiseleiterin also ein attraktiver Reisemonat.

Im August hatte ich hintereinander zwei zwölftägige Reisen nach Europa begleitet, beides sehr große Reisegruppen mit mehr als vierzig Personen und viele Kinder darunter. Ob im Flugzeug, im Zug oder in unserem Bus – ständig weinte oder schrie ein Kind. Zur Unterstützung war eine zweite Reiseleiterin dabei, aber sie war noch Lehrling und hatte keinerlei Erfahrung. Das bedeutete, dass ich mich nicht nur um meine Kunden, sondern auch um meine Kollegin kümmern musste. Schließlich wollte sie etwas lernen.

Damit nicht genug wurde Europa damals von einer Hitzewelle heimgesucht, was mir ebenfalls gehörig zugesetzt hatte. Ich hatte meine ganze Kraft in diese zwei Reisen investiert und war Ende August völlig erschöpft.

Mein Chef hatte mir deswegen diese September-Reise mit einer kleinen Gruppe als eine Art Belohnung zugeteilt. Ich hatte nur sechs Personen in meiner Gruppe: ein sehr nettes Paar, Anfang sechzig, eine Mutter mit ihren beiden Töchtern, die bald heiraten würden und die noch einmal zusammen mit ihrer Mutter eine Reise unternehmen wollten, und schließlich eine allein reisende Frau. Es ging nach Italien, Deutschland, in die Schweiz und nach Frankreich – eine attraktive Reise, die ich schon mehrmals geführt hatte. Ich kannte mich bestens aus und war überzeugt, sie mit links schaffen zu können.

Am Morgen des Abreisetages stand ich am Check-In-Schalter am Flughafen in Narita und wartete auf meine Gäste. Das ältere Ehepaar und die Mutter-Töchter-Gruppe waren sehr pünktlich erschienen und hatten bereits eingecheckt. Frau Ando aber, die allein reisende Dame, schien sich zu verspäten. Sie war schon mehr als zwanzig Minuten über der Zeit. Gerade als ich mir ernsthaft Sorgen zu machen begann, tauchte sie auf. Sie schien nicht besonders in Eile zu sein. Gemütlich schlenderte sie auf mich zu. Ihr Verhalten irritierte mich sehr, aber ich machte gute Miene zum bösen Spiel – das ist eine der wichtigsten Fähigkeiten einer japanischen Reiseleiterin. Immer Ruhe bewahren, Gelassenheit ausstrahlen, ein freundliches Lächeln aufsetzen, selbst wenn man in Wirklichkeit aus der Haut fahren könnte.

Also begrüßte ich Frau Ando mit meinem schönsten Lächeln und stellte mich ihr höflichst vor nach allen Regeln der Kunst. Während ich ihren Reisepass kontrollierte, stellte ich ihr routinemäßig organisatorische Fragen.

«Wie viele Bordkoffer haben Sie dabei?»

«Ich habe keinen Koffer dabei.»

Ich war etwas verdutzt, blickte hinter sie und vergewisserte mich, dass sie wirklich keinen Koffer hatte.

«Wenn Sie Ihren Koffer vom Lieferservice direkt zum Flughafen haben schicken lassen, holen Sie ihn bitte jetzt ab, und kommen Sie dann wieder zu mir. Die anderen Gäste haben schon eingecheckt, und Sie sind ein bisschen spät dran. Ich wäre Ihnen sehr verbunden, und es wäre sehr freundlich von Ihnen, wenn Sie so schnell wie möglich wieder zurück wären. Ich warte hier auf Sie.»

Erneut rang ich mir ein Lächeln ab. Frau Ando jedoch rührte sich nicht vom Fleck und starrte mich an, als ob ich Chinesisch gesprochen hätte. Als ich wieder zu ihr aufblickte, um meine Bitte zu wiederholen, wurde sie ungemütlich:

«Verstehen Sie mich nicht? Ich habe Ihnen doch gesagt, dass ich keinen Koffer dabeihabe.»

Ach du heiliger Strohsack! rief ich aus – natürlich nur in Gedanken.

Frau Ando hatte wirklich keinen Koffer. Keinen Koffer auf einer 13-tägigen Reise! Alles, was sie bei sich trug, war eine sehr kleine Louis-Vuitton-Tasche, die von ihrer Schulter baumelte. Entsetzt prüfte ich die Situation: Sie hatte einen gültigen Reisepass, und sie hatte die Reise voll bezahlt. Logischerweise konnte sie problemlos an der Reise teilnehmen. Dass sie kein Gepäck dabei hatte, war kein Grund, sie wieder nach Hause zu schicken. Aber trotzdem: Wie konnte man auf die Idee kommen, ohne Gepäck für fast zwei Wochen nach Europa zu verreisen?

Nach allem, was ich wusste, war Frau Ando Mitte dreißig. Sie hatte eine feste Anstellung bei einer Firma, war ledig und wohnte in einem Haus in einem sehr teuren Wohngebiet in Tokio. Ich vermutete, dass sie noch bei ihren Eltern lebte. Ihr Gesicht war vollkommen ausdruckslos, es verriet nicht die geringste Aufregung oder Freude auf die bevorstehende Reise. Meistens waren die Teilnehmer vor einer Auslandsreise, für die sie so lang gespart und auf die sie schon lange Zeit hingefiebert hatten, durchaus aufgeregt oder zumindest ein bisschen angespannt.

Frau Ando trug ein dunkelblaues, kurzärmeliges Kleid mit weißem Kragen. Auch wenn es im September tagsüber warm genug ist, für den Abend muss man schon eine Jacke einplanen. Sie hatte jedoch keine dabei. Außerdem trug sie Schuhe mit sehr hohen Absätzen, die mir für die Straßen in Europa überhaupt nicht geeignet schienen. Kleid und Schuhe sahen ziemlich abgetragen aus. Ihr Äußeres konnte ich nicht mit meiner Vermutung in Einklang bringen, dass sie aus einem reichen Elternhaus stammte. Ich wurde sehr nervös, denn ich hatte das vage Gefühl, dass diese Frau auf der Reise Unheil stiften würde. Ohne Koffer zu verreisen, da konnte etwas nicht stimmen.

Meine Kollegen am Schalter nebenan, die alles mitgekriegt hatten, rieten mir, die Frau nicht aus den Augen zu lassen. Als Reiseleiterin trug ich die Verantwortung für einen möglichst reibungslosen Ablauf der Reise. Aber hier roch alles nach Unheil, und ich war sehr unruhig.

Unser erstes Reiseziel war Rom. Nirgends ist Geschichte so greifbar und lebendig wie in dieser Stadt. Man hat immer das Gefühl, gleich würden Cicero oder Cäsar mit lorbeerbekränztem Haupt in einem Pferdgespann um die Ecke biegen.

Wir kamen spätabends in Rom an und starteten am nächsten Morgen mit unserer Stadtrundfahrt. Der Tag konnte gar nicht besser beginnen. Die Sonne strahlte, und eine leichte, angenehme Brise wehte vom Meer herüber. Ein frischer Duft wie von Rosen lag in der Luft. Auf den Plätzen der Stadt saßen die Menschen an den Café-Tischen und genossen die warme Spätsommersonne. Überall herrschte eine lockere Entspanntheit, die richtig ansteckend wirkte. Meine Gäste waren überwältigt, und ihre Gesichter strahlten mit der Sonne um die Wette.

Unser Stadtführer war ein sehr erfahrener Kollege, den ich schon lange kannte. Ich wusste, dass er die Leute mit seinen anschaulichen Schilderungen begeistern und mitreißen konnte. Ich freute mich auf die Zusammenarbeit mit ihm. Unser erster Anlaufpunkt war der berühmte Trevi-Brunnen. Selbstverständlich warfen wir, mit dem Rücken zum Brunnen postiert, Münzen über unsere Schultern. Ich fotografierte. Angeblich kehrt man ja nach Rom zurück, wenn man dies tut, und kein Japaner wird sich dieses Ritual entgehen lassen. Danach gönnten wir uns alle zusammen ein erstes italienisches Eis. Wir sind in Rom!

Unsere Sightseeing-Runde führte uns über die Peterskirche und den Vatikan zum Kolosseum. Wir mussten das Programm vor dem Mittagessen und in weniger als drei Stunden absolvieren. Ja, wir Japaner lieben enge Zeitpläne.

Das Kolosseum war imposant wie immer. Gewaltig und schwer zeichnete es sich gegen das grelle Sonnenlicht ab. Zusammen mit meinen Kunden lauschte ich den Erklärungen unseres Stadtführers. Seine lebendigen Geschichten schlugen alle in seinen Bann. Anschaulich erzählte er, wie die Gladiatoren damals im Kolosseum gegeneinander oder gegen wilde Tiere kämpften. Brutale Szenen spielten sich vor meinem inneren Auge ab – es war doch deutlich angenehmer, in der heutigen Zeit zu leben. Ich wusste nicht, welchen

Eindruck die Kunden speziell vom Kolosseum gewonnen hatten, aber sie schienen von der historischen Stadt Rom sehr angetan. Ein guter Reisebeginn!

Plötzlich jedoch – wir waren gerade auf dem Weg zurück zu unserem Bus – spurtete Frau Ando los wie von der Tarantel gestochen. Sie rannte direkt auf die Straße und warf sich vor das nächste, vorbeifahrende Auto. Uns stockte der Atem vor Entsetzen. Ich glaube, niemand überriss, was sich da gerade vor uns abgespielt hatte, so unwirklich und überraschend war die ganze Szene.

Glücklicherweise war der Autofahrer äußerst reaktionsschnell – eine nützliche Fähigkeit im italienischen Verkehr. Er wich Frau Ando geschickt aus und legte eine Vollbremsung hin. Frau Ando lag mitten auf der Straße, schien aber unversehrt zu sein. In das Auto, das die Vollbremsung hingelegt hatte, krachten von hinten drei weitere Fahrzeuge. Es entstand ein heilloser Tumult. Die Beteiligten schrien und plärrten vor Wut. Der Lenker des ersten Fahrzeugs war außer sich vor Zorn. Sein Gesicht war rot angelaufen, und er schimpfte wild gestikulierend auf die immer noch am Boden liegende Frau Ando ein. Ich lief zu ihr und versuchte, ihr aufzuhelfen. Doch sie wollte nicht aufstehen. Sie krümmte sich, heulte und drückte sich mit aller Kraft auf die Straße. Sie war eindeutig unverletzt geblieben.

Warum also wollte sie nicht aufstehen? Ich zerrte an ihr und schließlich gelang es mir, sie zum Straßenrand zu hieven. Da saß sie nun mit tränenverklebten

Augen und schien die Welt um sich herum nicht zu verstehen. Unser Stadtführer bot an, die Dinge allein zu regeln und sich um alles zu kümmern. In der Zwischenzeit konnte ich die restlichen Kunden zum Restaurant bringen, wo das Mittagessen angesetzt war. Ich ließ also unseren Stadtführer mit Frau Ando und dem ganzen Tohuwabohu zurück.

Im Restaurant waren wir sehr wortkarg. Alle standen wir sichtlich unter Schock. Keiner konnte oder wollte über diesen entsetzlichen Vorfall sprechen. Sogar die Kellner, die normalerweise immer gut aufgelegt waren und ihre Scherzchen machten, hatten wir mit unserer trüben Stimmung angesteckt.

Am Nachmittag hatten die Reiseteilnehmer frei. Sie konnten Rom auf eigene Faust erkunden. Das gab mir die Gelegenheit, mich schnurstracks zu unserem Organisationsbüro zu begeben. Glücklicherweise fand ich dort auch unseren Stadtführer zusammen mit Frau Ando vor. Er war mit ihr zur Polizei gegangen, um den ganzen Fall dort aufnehmen zu lassen. Es stand zu befürchten, dass Frau Ando mit einer Anzeige und einer Schadensersatzklage zu rechnen hatte. Immerhin war sie die Verursacherin des Unfalls.

«Wir sollten uns darauf gefasst machen, dass wir bald eine dicke Rechnung kriegen. Ich habe den Polizisten zu erklären versucht, dass alles ein unglückliches Verhängnis war. Erst gestern aus Japan angekommen, leidet Frau Ando natürlich noch an einem heftigen Jetlag. Der Verkehr in Rom ist mörderisch, was sie als

Japanerin nicht gewöhnt ist. Und überhaupt: Wer in Rom hält sich schon an Verkehrsregeln? Für die Polizei klang das aber nicht sehr überzeugend.»

Er legte eine Pause ein und blickte uns an, als ob er auf eine Reaktion von uns warten würde. Mir aber hatte es die Sprache verschlagen, so mutig und kühn fand ich seine Äußerungen gegenüber der italienischen Polizei.

«Es ging hart auf hart.», fuhr der Stadtführer fort, «die geschädigten Autofahrer haben verständlicherweise einen riesen Rabatz gemacht, und von Frau Ando Schadenersatz verlangt. Schließlich haben wir heute noch keine Übereinkunft getroffen. Es ist noch nicht klar, welches Urteil die Polizei und die Staatsanwaltschaft treffen wird.»

Der Stadtführer blickte verstohlen zu Frau Ando.

«Was Frau Ando angeht: Am Anfang hat sie sich ganz hartnäckig in Schweigen gehüllt, und ich musste allein ihre Verteidigung übernehmen. Aber im Laufe der Vernehmung hat sie angefangen zu sprechen. Natürlich kann sie kein Italienisch. Ich musste alles übersetzen. Aber, ehrlich gesagt, ich konnte mir keinen Reim auf ihre Aussagen machen. Sie hat behauptet, dass sie sich an den Unfall nicht erinnern könne und nichts damit zu schaffen habe. Ich hatte es nicht leicht mit der Übersetzung. Sie war ja irgendwie schuld an dem ganzen Schlamassel, aber sie hat behauptet, dass alles erstunken und erlogen sei. Ich wusste sehr oft nicht, wie ich den Ablauf des Unfalls erzählen sollte. Ich wollte natürlich nichts angeben, was uns später zum Nachteil gereichen könnte. Aber ich durfte auch nicht erzählen, was den Tatsachen nicht entsprach. Das hat viel Zeit in Anspruch genommen. Die Polizisten mussten mich für einen ziemlich unfähigen Übersetzer halten, und vielleicht haben sie sogar gedacht, dass ich Dinge erfunden habe, damit Frau Ando in besserem Licht da stand. So etwas habe ich noch nie erlebt, und ich hatte bis jetzt auch nichts mit der Polizei zu tun.»

Unser Stadtführer war mit sich und seinem Verhalten bei der Polizei nicht zufrieden, aber ich fand seine Vorgehensweise taktisch sehr klug. Wenn ich an seiner Stelle gewesen wäre, hätte ich mit Sicherheit nicht daran denken können, was ich sagen oder nicht sagen durfte. Ich wäre viel zu nervös gewesen.

«Ich weiß wirklich nicht, ob Frau Ando die Wahrheit sagt oder nur schauspielert. Ich weiß auch nicht, ob sie versehentlich vor das Auto gestürzt ist, oder ob sie sich mit Absicht vor das Auto geworfen hat. Ich habe keine Ahnung. Wenn sie im Ernst vorhat sich umzubringen, dann hast du jedenfalls die nächsten dreizehn Tage eine ziemlich harte Zeit», sagte der Stadtführer und blickte mich voller Mitleid an.

Er hatte den letzten Teil seiner Ausführungen geflüstert, damit Frau Ando, die sich im Nebenzimmer befand, nichts davon mitkriegen konnte. Als ich mich zu ihr drehte, bemerkte ich, dass sie ohnehin eingeschlafen zu sein schien. Ich erzählte ihm, dass Frau Ando keinerlei Gepäck bei sich hatte und dass ich schon da eine schlimme Vorahnung hatte, die sich jetzt leider bewahrheitete. Wir entschieden, die Polizei über ihre eventuellen Selbstmordabsichten im Dunkeln zu lassen.

«Wir können den Unfall nicht ungeschehen machen», sagte der Chef nach langem Schweigen und ganz ruhig. «Die ganze Geschichte wird sowieso ein Fall für die Gerichte. Aber wir dürfen uns von Frau Ando diese Reise nicht verderben lassen. Und bevor dir die Situation über den Kopf wächst», er wandte sich zu mir, «rufe ich jetzt deinen Chef in Tokio an, berichte ihm von dem Ereignis und versuche zu erreichen, dass die Frau nach Japan zurückgeschickt wird. Hoffentlich kriegt das Tokiobüro einen Platz im Flugzeug. Ruf deinen Chef an, wenn du im Hotel bist. Du kannst dann alles Weitere selbst mit ihm besprechen.»

Ich ging allein zum Hotel zurück. Sowieso war es höchste Zeit, mich wieder um die anderen Gäste zu kümmern. Falls sie mich brauchten, musste ich in meinem Zimmer für sie erreichbar sein. Von einer japanischen Reiseleiterin wird erwartet, dass sie immer für ihre Kunden da ist, 24 Stunden am Tag. Frau Ando blieb in der Zwischenzeit beim Chef des Organisationsbüros, bis er abends nach Hause ging. Das war sein Angebot, um einen erneuten Selbstmordversuch von Frau Ando zu unterbinden.

Auf dem Weg ließ mir der Vorfall keine Ruhe. Wollte die Frau sich wirklich umbringen? Wenn nicht, warum hat sie sich dann vor ein Auto geworfen? Was hat sie vor? Wenn sie tatsächlich beabsichtigt, sich umzubringen, was kann ich tun, um das zu verhindern? Kann ich sie denn überhaupt daran hindern? Ich kannte solche Fälle nur vom Hörensagen. Immer wieder kam es vor, dass jemand versuchte, sich auf einer Reise umzubringen. Vielleicht ist der Grund dafür, dass man auf einer Reise weit entfernt ist von der eigenen Familie. Die Schande für die Familie und die Angehörigen wird dadurch kleiner. Ich habe mir aber nie vorstellen können, dass ich eines Tages mit solch einer Geschichte konfrontiert würde.

Als ich zurück in meinem Zimmer war, rief ich sofort in Japan an – ohne Rücksicht auf die Zeitverschiebung. In Japan war es schon sehr spät am Abend. Ich habe stets eine Nummer für Notfälle bei mir. Und dies war offensichtlich ein Notfall. Wie sich herausstellte, war es unmöglich, für Frau Ando ein Flugticket zu besorgen. Anfang September waren die Flüge nach Japan meist ausgebucht. Mein Chef redete mir gut zu.

«Ich weiß, dass du das Problem in den Griff bekommen kannst. Du bist eine sehr erfahrene Reiseleiterin. Wenn du es nicht schaffst, schafft es keiner. Halt durch!»

Mein Chef lobte mich in den höchsten Tönen, was er ganz selten tat. Damit wollte er mich aufmuntern, aber seine Worte klangen nur hohl. Die ganze Situation blieb wohl an mir hängen. Frau Ando würde weiterhin mit uns reisen. Ich bekam Herzklopfen. Ich hatte keinen blassen Schimmer, wie ich mit ihr umgehen sollte.

Unser nächstes Reiseziel war Deutschland, die Romantische Straße. Normalerweise fühlte ich mich in Deutschland sehr wohl. Alles war gut organisiert, die Menschen waren meistens freundlich. Aber diesmal war ich sehr angespannt. Nach einem Stadtrundgang in Rothenburg

checkten wir im Hotel ein. Wir hatten bis zum Abendessen dreißig Minuten Pause zum Ausruhen. Ich schickte alle Kunden auf ihre Zimmer und besprach mit dem
Hotelpersonal den Zeitplan für den nächsten Tag. Um
19 Uhr erwartete ich meine Gäste im Hotelrestaurant.
Alle kamen pünktlich, bis auf Frau Ando. Es war bereits
19.15 Uhr, und Frau Ando fehlte immer noch. Mit ban-
gem Gefühl begab ich mich zu ihrem Zimmer. Ich
klopfte einmal, ich klopfte noch einmal und noch einmal. Mit jeder Sekunde schlug mein Herz schneller. Ich
rief laut ihren Namen.

«Frau Ando, bitte machen Sie auf. Frau Ando!»

Nichts rührte sich. Ich stürmte nach unten, am
Restaurant vorbei, um meine Kunden zu bitten, schon
mal mit dem Essen anzufangen – sie machten alle ziemlich besorgte Gesichter, und sie taten mir in diesem
Moment sehr leid: Ihre Reise verlief alles andere als
glücklich – dann rannte ich ins Freie, um nach Frau
Ando Ausschau zu halten.

Zufälligerweise begegnete ich am Eingang unserem
Busfahrer, und da er sah, dass ich ganz aufgelöst war,
erzählte ich ihm kurz die Geschichte mit Frau Ando. Er
war sehr nett und bot sofort an, mir bei der Suche nach
Frau Ando zu helfen. Um sie schneller zu finden, gingen
wir getrennte Wege. Vorher hatten wir noch unsere
Handynummern ausgetauscht, damit wir uns gegenseitig
anrufen konnten, falls einer sie finden würde.

Zwei Stunden lief ich durch alle Ecken, Winkel
und Gässchen Rothenburgs. Schließlich entdeckte ich
sie an der Stadtmauer, am Boden kauernd, wie Espen-

laub zitternd. Sie war völlig benommen, wie in Trance. Ich versuchte, sie aufzurichten, aber sie konnte nicht allein auf ihren Füßen stehen. Also rief ich unseren Busfahrer zu Hilfe. Zusammen redeten wir auf sie ein, wir versuchten, ihr beim Gehen zu helfen, da fing sie plötzlich an, wild um sich zu schlagen und zu schreien.

«Rutscht mir doch alle den Buckel herunter!»

Wir konnten sie kaum bändigen, und in meiner Not, und weil ich mir nicht mehr anders zu helfen wusste, gab ich ihr eine schallende Ohrfeige. Das ließ sie etwas zur Besinnung kommen. Sie beruhigte sich ein wenig, und unser Busfahrer nutzte die Chance, packte sie mit beiden Händen und legte sie sich über die Schultern. So trug er Frau Ando den ganzen Weg bis zum Hotel zurück.

Ich kann nicht sagen, ob sie wieder vorhatte, sich das Leben zu nehmen. Als wir sie aber in ihr Zimmer brachten, fiel mir sofort auf, dass die Minibar leer war. In den dreißig Minuten vor dem Abendessen hatte sie vier Flaschen Bier und zwei volle Flaschen Wein geleert. Um zu verhindern, dass Frau Ando in der Nacht erneut ausbüchste, bat ich den Hoteldirektor darum, ihr Zimmer von außen abzuschließen. Obwohl ich sehr müde war, blieb ich vor Sorge die ganze Nacht hellwach. Ich konnte kein Auge zutun. Mein Kopf war voller unterschiedlichster Gedanken. Ich musste irgendwas unternehmen, so durfte es nicht weitergehen. Aber was konnte ich denn tun? Ich grübelte mehrere Stunden lang, ohne eine vernünftige Entscheidung treffen zu können.

Am Ende übermannte mich die Müdigkeit, und ich schlief ein.

Am nächsten Tag fuhren wir auf der Romantischen Straße nach Schwangau, um Schloss Neuschwanstein zu besichtigen. Der Besuch des Schlosses ist immer der Höhepunkt dieses Teils der Reise. Ein absolutes Muss für jeden Japaner! Der imposante Anblick dieses Märchenschlosses und die mysteriöse Geschichte um König Ludwig II. locken jedes Jahr unglaublich viele japanische Touristen an. Das Schloss liegt malerisch an einem Berghang und ragt majestätisch in den Himmel, gerahmt von einer wildromantischen Bergkulisse. Und mit dem darunter liegenden, still ruhenden und tief blauen See ist das Idyll perfekt. Das Panorama ist wirklich grandios, auch wenn ich persönlich mich nach über fünfzig Besuchen nicht mehr so recht dafür begeistern kann.

In allen japanischen Reiseführern gibt es eine spektakuläre Aufnahme des Schlosses von der Marienbrücke aus, welche hinter dem Schloss vorbeiführt. Dieses Bild ist der Grund, warum fast alle Japaner nach Neuschwanstein wollen. Vor der Besichtigung pflegte ich daher meine Kunden stets zu dieser Brücke zu führen, um sie von dieser atemberaubenden Perspektive aus, selbst Fotos machen zu lassen. Darüber sind meine Gäste immer sehr glücklich. Voller Stolz und Begeisterung schießen sie von diesem berühmten Ort aus unzählige Bilder vom Schloss und natürlich auch von sich – der eindeutige Beweis für Freunde und Bekannte, dass man in Neuschwanstein war.

Ich führte also auch meine sechs Gäste zur Marienbrücke. Unter der Brücke klafft ein so tiefer Abgrund, dass sich Menschen mit Höhenangst nicht hinüberwagen. In meiner Gruppe aber waren alle mutig genug und machten auch sogleich ihre Fotos. Nein, nicht alle. Aus den Augenwinkeln sah ich gerade noch, dass Frau Ando gerade dabei war, auf das Brückengeländer zu klettern. Wollte sie sich von der Brücke in den Tod stürzen? Umringt von unzähligen Japanern – außer unserer waren noch andere japanische Reisegruppen da – zog sie sich am Brückengeländer hoch. Niemand schenkte ihr Aufmerksamkeit. Alle waren damit beschäftigt, das perfekte Erinnerungsfoto zu schießen. Mir jedoch gefror das Blut in den Adern. Nach einer Schrecksekunde rannte ich zu Frau Ando und riss sie mit Mühe und Not herunter. Ohne nachzudenken, verpasste ich ihr erneut eine Ohrfeige, dieses Mal kräftiger als tags zuvor. Gleichzeitig schrie ich wütend auf sie ein.

«Jeder hat sein Bündel zu tragen. Und aus welchen Gründen auch immer, Sie sich umbringen wollen, ich erlaube Ihnen nicht, dies ausgerechnet auf dieser Reise zu tun! Nur über meine Leiche!»

Ich war wie von Sinnen, und als ich wieder zu mir kam, kauerte Frau Ando kraftlos wie ein Häuflein Elend vor meinen Füßen und schluchzte und schluchzte. Und ich weinte auch. Frau Ando heulte buchstäblich Rotz und Wasser, und bald hüllte sie sich in völliges Schweigen. Die Leute um uns herum standen reglos, wie vom Blitz getroffen und starrten uns an.

Es musste etwas geschehen. Ich rief die Reiseteilnehmer aus meiner Gruppe zu mir. Wir machten uns sofort auf den Weg zum Schloss. Noch immer stand eine Reihe Touristen mit offenem Mund und aufgerissenen Augen herum. Was sollten wir tun? Alles abbrechen? Das kam nicht in Frage.

Wir besichtigten das Schloss, als ob nichts passiert wäre. Frau Ando trottete brav neben mir her und sagte keinen Ton. Jede Sekunde behielt ich sie im Auge, jeden Moment darauf gefasst, dass sie wieder irgendetwas Dummes unternehmen würde. Ich war extrem angespannt und zugleich erleichtert, dass es noch einmal gut gegangen war. Zumindest diesmal.

Nach der Besichtigung war Frau Ando plötzlich wie ausgewechselt. Ihre düstere Stimmung war vertrieben, sie war aufgekratzt, übertrieben heiter, sprach laut mit allen Leuten, die ihr begegneten und lachte über Dinge, die nicht wirklich lustig waren. Es wirkte, als würde sie unter Drogen stehen. Dieser Zustand dauerte gute dreißig Minuten, danach fiel sie unvermittelt wieder in eine depressive Phase und wirkte völlig niedergeschlagen. Manchmal jedoch lachte sie ohne ersichtlichen Grund laut auf. Es war unheimlich.

Im Hotel passte ich unablässig auf sie auf. Ich wollte nicht den gleichen Fehler begehen wie am Abend zuvor. Deshalb saß ich bis zum Abendessen in der Lobby, den Haupteingang immer im Blick. Ich wollte nicht riskieren, dass Frau Ando wieder aus dem Hotel lief. Umso erleichterter war ich, als ich sie im Restaurant begrüßen konnte. Das Essen verlief ruhig und ohne spezielle Vorkommnisse. Keiner sprach das Ereignis auf der Marienbrücke an. Die Gespräche drehten sich um Schloss Neuschwanstein, schließlich um König Ludwig ll. Details aus seinem Leben wurden noch einmal zum Besten gegeben, immer ausgelassener und lockerer lief die Konversation, bis jemand fragte:

«Wie ist er eigentlich gestorben? Hat er nicht im Starnberger See Selbstmord begangen?»

Plötzliches Schweigen, eine unheilvolle Pause. Niemand wagte es, auf diese Frage eine Antwort zu geben.

«Ich glaube, wir sollten die Rechnung bestellen. Wir haben morgen wieder ein volles Programm, und Sie sind sicher alle müde.»

Mit diesen Worten versuchte ich, die Situation zu retten. Unsere Mahlzeiten waren im Reisepreis enthalten, die Teilnehmer mussten nur für ihre Getränke extra bezahlen. Frau Ando hatte ein Glas Wein getrunken, das etwa vier Euro kostete. Alle bezahlten ihre Getränke, legten ein bisschen Trinkgeld auf den Tisch und gingen zu ihren Zimmern zurück.

Ich war gerade ebenfalls auf dem Weg zu meinem Zimmer, als der Kellner, der uns bedient hatte, aufgeregt hinter mir her rannte.

«Entschuldigen Sie, aber eine Ihrer Gäste hat mir 600 Euro Trinkgeld gegeben, die Frau mit dem blauen Kleid.»

Frau Ando!

«Das ist viel zu viel Trinkgeld. Ich wollte ihr das Geld zurückgeben, aber sie hat sich geweigert, es wieder zu nehmen. Hier gebe ich Ihnen das Geld zurück.»

Er drückte mir die Scheine in die Hand. Mit dem Geld ging ich zu Frau Ando und erläuterte ihr die Situation. Doch sie konnte oder wollte es nicht verstehen.

«Nein, nein, der Kellner soll das Geld nur behalten, ich hatte einfach große Lust, etwas Geld auszugeben, und der Mann war mir sehr sympathisch. Er soll es nehmen.»

Ich versuchte, ihr darzulegen, dass niemand einfach 600 Euro Trinkgeld annehmen kann, wenn man nur ein Glas Wein getrunken hat.

«Nein, nein, das Geld ist für ihn. Er soll es nehmen. Bringen Sie es ihm zurück.»

Ich hatte nicht die geringste Lust, mit Frau Ando weiter darüber zu diskutieren. Schließlich legte ich das Geld einfach auf ihren Tisch, wünschte eine gute Nacht und ging aus dem Zimmer.

Wie in Rothenburg so bat ich auch hier in Schwangau den Hotelchef, Frau Andos Zimmer von außen abzuschließen. Aber das Hotel war alt, und die Zimmer konnten nicht von außen verriegelt werden. Dazu kam, dass ab 22 Uhr niemand mehr am Empfang war. Der Haupteingang war zwar geschlossen und von außen nicht zu öffnen, aber aus Sicherheitsgründen konnte man die Tür von innen aufmachen. Das hieß, dass Frau Ando jederzeit unbemerkt das Hotel hätte verlassen können.

Ich entschied, vor Frau Andos Zimmer Wache zu halten. Das war die einfachste Lösung, um ein weiteres Weglaufen zu verhindern. Wenn sie aus diesem Hotel verschwunden wäre, hätten wir vermutlich größere Schwierigkeiten gehabt, sie wieder zu finden, als in Rothenburg. Schwangau ist im Grunde nur ein kleines Dorf, umgeben von Bergen und Wäldern. In der stockfinsteren Nacht hätten wir keine Chance gehabt. Also habe ich mir einen Stuhl vom Hotelrestaurant geliehen und ihn vor ihre Tür gestellt. Auf diesem Stuhl verbrachte ich die ganze Nacht.

In jener Nacht ließ ich die Ereignisse seit dem Anfang der Reise in Gedanken Revue passieren. Ich ärgerte mich über Frau Ando und war wütend auf sie. Aber gleichzeitig war mir bewusst, dass einige Fragen offen waren: Hat sie wirklich vor, sich umzubringen? Wenn ja, wie kam sie auf die Idee, dies ausgerechnet auf einer Reise nach Europa tun zu wollen? Man macht doch keine Reise, um Selbstmord zu begehen. Man reist, damit man seinen Stress abbauen kann und neue Energie gewinnt. Man lernt neue Leute kennen, man freut sich an den Landschaften oder den Sehenswürdigkeiten. Für mich war es schwer nachzuvollziehen, warum man eine Gruppenreise wählte, um Selbstmord zu begehen.

Was hat Frau Ando so aus der Bahn geworfen? Was ist der Grund für ihre hoffnungslose Situation? Hat sie denn keine Freunde oder Familienangehörigen, die ihr helfen können? Hätte ich noch stärker versuchen sollen, mit ihr zu reden? Aber alle meine Versuche hatte sie bisher ausgeschlagen. Hätte ich mich vielleicht weniger leicht abwimmeln lassen sollen, hätte ich noch viel stärker auf einem Gespräch bestehen sollen?

Auf der anderen Seite: Ich bin keine Psychologin. Meine Aufgabe war, eine Reise zu führen, und das so gut wie möglich. Im Moment hinderte Frau Ando mich gewaltig daran. Dieser Gedanke machte mich wieder wütend. Warum musste ausgerechnet ich diese Frau am Hals haben? Diese Reise könnte so schön und entspannt sein. Je müder ich wurde, umso stärker haderte ich mit meinem Schicksal, hier auf diesem harten Stuhl sitzend vor dem Zimmer einer Frau, die vielleicht irre war. Wenn sie bloß nicht teilgenommen hätte!

Viele Fragen und Spekulationen drehten sich in meinem Kopf, aber sie führten mich keinen Schritt weiter. Es half nichts: Ich musste die Situation so akzeptieren, wie sie war. Frau Ando war nun mal in meiner Gruppe, und ich trug bis zu einem gewissen Grad die Verantwortung für sie, zumindest bis zum Ende dieser Reise.

Draußen dämmerte langsam der Morgen, zart graues Licht fiel durch das Korridorfenster und tastete sich langsam in den Raum. Ich war hundemüde, meine Augen schmerzten. Jetzt ein richtiges Bett! Dafür hätte ich alles gegeben. Aber wir mussten weiter: Unser nächstes Reiseziel war die Schweiz, das Jungfraujoch, ein weiteres Muss für jeden Japaner.

Beim Frühstück machte Frau Ando einen sehr entspannten Eindruck, sie war wie verwandelt, redselig und freundlich. Zum ersten Mal auf dieser Reise hatte sie uns alle gegrüßt. Die meisten aus unserer Gruppe hatten sie bisher noch kein vernünftiges Wort sprechen hören, niemand hatte sich mit ihr unterhalten. Vielleicht fing Frau Ando ja allmählich an, sich zu beruhigen und zu öffnen. Erleichtert fuhren wir aus Schwangau ab, und obwohl eine unendliche Müdigkeit auf mir lastete, fühlte ich mich zum ersten Mal ein bisschen wohler.

In der Schweiz erwartete uns wunderbares Wetter. Ich möchte mich nicht zu sehr damit brüsten, aber ich hatte bei der Fahrt zum Jungfraujoch mit dem Wetter immer Glück. Insgesamt war ich 44 Mal dort oben, und 44 Mal war hervorragendes Wetter. Ohne eine einzige Ausnahme. Japanische Touristen fuhren meistens mit dem allerersten Zug zum Gipfel. Die Fahrt kostete dann nur die Hälfte, und das sparte unserer Firma Geld. Deswegen war dieser erste Zug immer zum Bersten voll mit Japanern. Man konnte fast meinen, man befand sich in den japanischen und nicht in den europäischen Alpen. Natürlich fuhr auch unsere kleine Gruppe mit diesem Zug.

Um das Jungfraujoch zu erreichen, muss man an der Station Kleine Scheidegg umsteigen, das auf 2061 Meter Höhe liegt. Zum Jungfraujoch auf 3454 Meter schleppen sich die Züge durch einen Tunnel, der in die Nordwand des Eigers hineingetrieben wurde. Demzufolge ist während des letzten Fahrtabschnitts nichts zu sehen. Draußen nur Dunkelheit. Hinzu kommt, dass die enorme Höhe bei nicht wenigen Menschen Müdigkeit oder sogar Kopfschmerzen hervorruft. Viele Touristen schlafen daher prompt ein. Sie sind wie in einem Dämmerzustand und verhalten sich sehr ruhig.

Die einzige, die nicht ruhig blieb, war Frau Ando. Je höher wir stiegen, desto überdrehter wurde sie. Der Berg schien bei ihr die gegenteilige Wirkung zu erzielen. Aus heiterem Himmel fing sie an zu singen und weckte damit natürlich die anderen Passagiere, die sie verdutzt anblickten.

Doch das war nicht alles: Aufgeregt lief sie im Waggon hin und her und sprach wildfremde Menschen an, erkundigte sich nach ihrem Wohlergehen oder fragte, woher sie denn kämen. Deren ratloser oder gar verstörter Blick schien Frau Ando nicht im Geringsten zu stören. Obwohl ich meine Kunden vor dem Einsteigen ermahnt hatte, in einer Höhe über 3000 Meter nicht mehr laut zu sprechen, nicht mehr zu rauchen und nicht mehr schnell zu laufen, weil dies ungeheure Kraft kosten und Höhenkrankheit verursachen könne, beherzigte Frau Ando keinen einzigen meiner Ratschläge.

Am Anfang lief ich mit ihr mit und entschuldigte mich für sie bei den Leuten, die sie angesprochen hatte. Aber ich musste bald aufgeben, denn ich fing an, mich unwohl zu fühlen. Als Reiseleiterin konnte ich es mir nicht leisten, Kopfschmerzen oder Höhenprobleme zu bekommen. Jederzeit konnte es notwendig werden, mich um jemanden aus meiner Gruppe zu kümmern. Also griff ich nicht weiter ein, begab mich zurück an meinen Platz und beobachtete das seltsame Treiben Frau Andos aus der Ferne.

Es kam, wie es kommen musste: Im Bahnhof Jungfraujoch angekommen, fühlte sich Frau Ando plötzlich sehr schlecht und krank. Sie japste nach Luft und torkelte gefährlich über den Bahnsteig. Aber auf dem Jungfraujoch ist man auf solche Fälle perfekt vorbereitet. Schnell besorgte ich eine Sauerstoffflasche beim Bahnhofschef und führte Frau Ando in eine Art Krankenzimmer, das für Patienten mit ähnlichen Symptomen bereitsteht.

Sie legte sich ruhig aufs Bett und schlief umgehend ein. Ehrlich gesagt, war ich sehr erleichtert, dass sie während des 60-minütigen Aufenthalts auf dem Jungfraujoch in diesem Zimmer lag. Das hinderte sie immerhin daran, eine neue Dummheit zu begehen.

Einen Tag nach unserer Bergfahrt fuhren wir von Genf aus weiter mit dem TGV nach Paris. Während der Fahrt hatte ich endlich die Chance, mit Frau Ando ein tieferes Gespräch zu führen. Sie hatte an jenem Tag verhältnismäßig gute Laune und mit Absicht hatte ich ihr den Platz neben mir angeboten.

«Wenn es Ihnen nichts ausmacht, können wir uns kurz unterhalten? Wir fahren jetzt über drei Stunden.»

Ich sprach sie sehr vorsichtig an. Sie hüllte sich zunächst in Schweigen, und ich musste unser Gespräch ganz allein bestreiten. Das ging fast eine gute Stunde so, als sie plötzlich anfing zu erzählen.

«Ehrlich gesagt, als ich von Ihnen eine Ohrfeige bezogen habe, ist es mir wie Schuppen von den Augen gefallen. Ich konnte deutlich fühlen, welch große Sorge

Sie sich um mich gemacht hatten. Bis dahin habe ich niemandem über den Weg getraut. Aber Ihnen kann ich mich öffnen, glaube ich.»

Unsere Unterhaltung dauerte etwa zwei Stunden und geriet manchmal ins Stocken, aber ich gewann tatsächlich ihr Vertrauen, und sie erzählte mir ihre Geschichte.

Sie hatte sich vor etwa einem halben Jahr von ihrem Freund getrennt. Er war sechs Jahre jünger als sie. Die Beziehung mit ihm war alles andere als glücklich gewesen. Dennoch hatte sie große Angst davor, wieder alleine zu sein. Sie hatte alles dafür getan, dass er sie nicht sitzen ließ. Wenn er kein Geld hatte, und das war ziemlich oft der Fall, bezahlte sie für alles. Sie gab ihm ihre gesamten Ersparnisse. Doch das war ihm nicht genug, er verlangte immer mehr Geld von ihr. Also entwendete sie Geld aus der Firma, für die sie arbeitete, was jedoch ans Licht kam. Der Firmenchef zeigte sich großzügig und versprach ihr, sie nicht anzuzeigen, wenn sie das Geld zurückzahlen würde. Der Betrag war nicht sehr groß, und es gelang ihr, in kurzer Zeit das Geld zurückzugeben. Trotzdem wurde sie gefeuert.

«Das war auch der Anlass, dass mein Freund mich für immer verlassen hat», sagte sie.

«Er war nur mit mir zusammen, um mich auszunutzen, und als ich in Schwierigkeiten war, hatte ich keinen Wert mehr für ihn. Das sah ihm ähnlich. Ich wusste es. Und als meine Eltern von meiner Unterschlagung erfahren haben, waren sie so enttäuscht von mir und so zornig, dass sie mich enterbt haben. Seit sechs

Monaten suche ich eine neue Stelle, aber es ist mir nicht gelungen, eine zu finden. Ich habe alle Hoffnung begraben. Ich wollte einen Schlussstrich unter mein wertloses Leben ziehen. Und nachdem ich den Entschluss gefasst hatte, mich umzubringen, wollte ich zuvor unbedingt Europa noch besuchen. Ich hatte mir in den Kopf gesetzt, mich auf der Reise umzubringen.»

Da ich nicht wusste, was ich erwidern sollte, ließ ich sie ausreden, ohne sie zu unterbrechen. Sowieso ging es über meine Kraft, ihr einen Rat zu geben, oder zu ihrer Situation Stellung zu nehmen. Ich war schließlich keine Therapeutin, sondern Reiseleiterin.

Immerhin verstand ich jetzt, wodurch sie sich so in die Enge getrieben fühlte. Wenn ich mich in sie hineinversetzte, konnte ich ihre Denkweise nachvollziehen. Sie musste eine schlimme Zeit durchleben, und ich konnte mir ohne weiteres vorstellen, dass sie am Boden zerstört war. Sie hatte damals die Aufmerksamkeit anderer Menschen bitter nötig, aber niemand stand ihr zur Seite – im Gegenteil, sogar ihre Familie ließ sie fallen.

Auf der einen Seite erregte ihre Geschichte bei mir Mitleid, andererseits aber wurde ich doch nicht ganz schlau aus ihr. Wie viele Menschen haben nicht schweres Leid erfahren und nehmen sich trotzdem zusammen und leben weiter. Was schlechte Erfahrungen angeht, konnte auch ich ein Lied singen. Aber muss man sich deswegen umbringen? Was man sich eingebrockt hat, muss man auch auslöffeln! Und tut sich nicht doch immer wieder ein Weg auf?

Als Frau Ando ihre Geschichte zu Ende erzählt hatte, konnte ich deutlich merken, wie erleichtert sie war. Sie hatte sich alles von der Seele geredet, und das half ihr ganz offensichtlich. Aber konnte ich wirklich sicher sein, dass es zu keinem weiteren Zwischenfall kam? Ich traute der Sache nicht und hielt weiter Wache vor ihrem Zimmer im Hotel.

Nachdem ich meine Gruppe schließlich zum Flugzeug nach Tokio gebracht hatte und in meinen Platz sank, wurde ich von einem unendlich tiefen Schlaf überfallen. Als Reiseleiterin sah ich es als meine wichtigste Aufgabe, meine Kunden zufrieden zu stellen. In diesem Sinne fühlte ich mich auf dieser Reise meinen Gästen gegenüber in der Schuld. Ich hatte wegen Frau Ando alle Hände voll zu tun gehabt und die anderen vernachlässigt. Aber meine Gäste hatten sich kein einziges Mal beschwert oder auch nur geklagt. Im Gegenteil, sie waren eine große Unterstützung für mich auf dieser Reise gewesen. Noch heute habe ich Kontakt mit allen bis auf Frau Ando.

Später erfuhr ich, dass Frau Andos Familie bereits eine Vorahnung davon gehabt hatte, dass sie versuchen würde, sich auf der Reise das Leben zu nehmen. Ja, ihr Bruder, der selbst als Reiseleiter bei einem Konkurrenzunternehmen arbeitete, hatte sogar alles für seine Schwester organisiert. Scheinbar wollte er verhindern, dass sie ihren Selbstmordplan auf einer Reise seines eigenen Unternehmens in die Tat umsetzte.

Nach jener Reise brauchte ich unbedingt ein paar Tage Pause. Ich war körperlich und geistig völlig erschöpft. Mein Chef war verständnisvoll: Er gab mir eine Woche frei.

Hyänen im Kräutermantel

Japaner sind im Allgemeinen freundlich und zuvorkommend. Auf Reisen sind sie zwar anspruchsvoll, pflegen aber immer einen höflichen Umgangston. Nie hätte ich erwartet, dass es auch regelrechte Monster gibt, die einem jeglichen Spaß verderben können. Auf einer Fahrt nach Skandinavien setzten uns zwei Reiseteilnehmerinnen derart übel zu, dass es fast zum Abbruch der Reise gekommen wäre. Als Reiseleiterin hatte ich schon mehr als 2000 Menschen geführt. Jeder war anders. Ich hatte viele nette Leute kennengelernt, und natürlich waren auch unfreundliche oder sonderbare Typen dabei. Doch nie hatte ich jemanden in meiner Gruppe gehabt, der solche – geradezu diabolischen – Charakterzüge aufgewiesen hätte wie die beiden Teilnehmerinnen dieser Tour.

Eine typische Reise nach Skandinavien besteht aus folgenden Stationen: Kopenhagen (Dänemark), Stockholm (Schweden), Oslo und Bergen (Norwegen) sowie eine Fahrt mit Übernachtung in einem großen Fährschiff. Darüber hinaus besuchten wir in Norwegen ein paar kleine Dörfer im Fjordgebiet. Das Hauptziel der Reisen nach Skandinavien ist die überwältigende, imposante Natur.

Ich fliege stets sehr gern nach Skandinavien. Die auch im Sommer relativ kühle und saubere Luft empfinde ich als sehr erfrischend, und der ausgedehnte Aufenthalt in der Natur schenkt mir neue Energie. Im Vergleich zu den Städten in Italien oder in Spanien ist es dort ungefährlich. Die Kriminalität ist wesentlich geringer, alles funktioniert reibungslos und unproblematisch. Für eine Reiseleiterin also angenehme Bedingungen.

Im Sommer 2002, als die Fußballweltmeisterschaft in Japan noch in vollem Gang war, flog ich von Tokio aus nach Kopenhagen. Der Flughafen Narita in Tokio war voll von Schlachtenbummlern aus aller Welt. Mit uns reisten zwei Frauen, die bei einer Computerfirma angestellt waren. Ich hatte die Information erhalten, dass beide Vegetarierinnen seien. Frau Arai, etwa Mitte 40, schien von Anfang an besonders schlechte Laune zu haben. Sie trat extrem herrisch und fordernd auf. Mit ihr war offensichtlich nicht gut Kirschen essen. Sie war so wohlgenährt, dass ich mir gar nicht recht vorstellen konnte, dass sie Vegetarierin war. Die Vegetarier, die ich bis dahin kannte, waren alle schlank. Jedenfalls stellten ihr üppiger Bauch und Oberkörper die Nähte ihres Mini-T-Shirts auf eine ziemlich harte Probe. Ihre kurzen Haare waren mit Gel straff nach hinten gekämmt. Ihre protzige Sonnenbrille lag auf der Stirn, und sie roch stark nach Parfüm – sehr untypisch für eine Japanerin.

Ihre Begleiterin, Frau Sakamoto, war 37 Jahre alt. Im Gegensatz zu Frau Arai war sie so mager, dass man unwillkürlich an eine Essstörung dachte. Sie trug ein einfaches T-Shirt und schlichte Jeans, hatte einen ungleichmäßig geschnittenen Pagenkopf und war gar nicht geschminkt – ebenfalls eher untypisch für eine Japanerin. Auch sie schaute sehr mürrisch drein. Beide behandelten mich von Anfang an sehr herablassend.

Die Beziehung zwischen Frau Arai und Frau Sakamoto schien etwas seltsam zu sein. Ursprünglich dachte ich, sie seien sehr gute Freundinnen, aber das war offenbar nicht der Fall. Sie waren zwar immer zusammen, sprachen aber nur selten miteinander und verzogen ihre Gesichter häufig zu seltsamen Grimassen. Ich sah sie auf dieser Reise kein einziges Mal lachen. Sie bestätigten vollkommen das Vorurteil gegenüber Menschen, die in der IT-Branche arbeiten – wenig kommunikativ und eher mit sich selbst beschäftigt als mit ihrer Umwelt.

Damit man die Geschehnisse auf dieser Reise besser verstehen kann, muss ich eine kleine Vorgeschichte erzählen. Denn meinem Reiseunternehmen war ein kleiner, aber folgenreicher Fehler unterlaufen, als die beiden besagten Damen ihre Reise buchten. Passiert war er einer jungen Angestellten, die noch keine große Erfahrung hatte. Frau Arai meldete sich für diese Reise in einer unserer Filialen an. Dabei erklärte sie, dass sie und ihre Begleiterin Vegetarierinnen seien und auf keinen Fall Fleisch essen könnten. Deswegen müsse immer sichergestellt sein, dass sie Fischgerichte wählen könnten. Frau Arai erwähnte beinahe drohend, dass es bei anderen Reisen, die sie unternommen habe, nie Probleme mit dem Reiseveranstalter bezüglich ihrer Ernährungsgewohnheiten gegeben habe. Stets sei es ohne Aufpreis möglich gewesen, vegetarische Gerichte für sie zu arrangieren. Die noch junge und unerfahrene Angestellte wusste nicht, wie sie sich verhalten sollte. Sie wollte freundlich sein und versprach Frau Arai daher, dass ihre Reiseleiterin sich natürlich darum kümmern werde. Das war ein großer Fehler.

Als ich alle Papiere und Informationen zur anstehenden Reise in der Firma abholte, gab mein Chef mir den Auftrag, die beiden Kundinnen besonders zu betreuen. Er erklärte mir die Sachlage.

«Wir können unser Versprechen jetzt nicht mehr rückgängig machen», fügte er hinzu. «Die Extrakosten für ihr Essen müssen wir tragen. Ich bitte dich, dies vor Ort in den jeweiligen Restaurants zu übernehmen. Aber natürlich musst du das unauffällig arrangieren aus Rücksicht auf die anderen Kunden. Das Geschrei wäre groß, wenn die anderen von diesem Sonderarrangement erfahren würden. Aber ich kann mich ja auf dich verlassen. Nicht wahr?» Selbstverständlich, was bleibt mir auch anderes übrig. Japanische Touristen wollen während der Reise rund um die Uhr versorgt und gehätschelt werden. Aber was das Essen angeht, ist es unmöglich, allen Sonderwünschen von Kunden nachzukommen. Auf Gruppenreisen wird das Essen vorher im Rahmen des Budgets festgelegt. Spezielle Wünsche einzelner Kunden können wir kaum erfüllen, denn sonst besteht die Gefahr, dass auch die anderen Reiseteilnehmer eine *Extrawurst* gebraten haben möchten. Eine Kostenfrage. Wenn die Kunden das selbst bezahlen wollen, ist das natürlich kein Problem, aber wenn es im Preis inbegriffen sein soll, ja dann wird es schwierig.

Zwei Tage vor unserem Abflug rief ich die Fluggesellschaft an und bestellte zwei vegetarische Essen für Frau Arai und Frau Sakamoto. Die Angestellte der Fluggesellschaft erklärte mir am Telefon, dass wir auf dem Flug zwischen Huhn und Fisch wählen könnten. Also reservierte ich – mit schriftlicher Bestätigung – zwei Fischgerichte für die beiden Vegetarierinnen.

Ungefähr zwei Stunden nach Abflug wurde das erste Essen im Flugzeug serviert. Auf einem so langen und meistens auch langweiligen Flug sind die Mahlzeiten an Bord immer eine willkommene Abwechslung. Ich war gerade dabei, die Alufolie von meinem Essensbehälter auf dem Tablett zu entfernen, als hinter mir jemand mit lauter Stimme rief:

«Was ist das denn? Das ist kein Fischgericht! Unerhört! Unappetitlich ist das! Das ist doch kein Essen! Unsere Reiseleiterin hat uns versichert, dass wir Fisch bekommen! Soll das etwa Fisch sein? Das ist alles andere als Fisch!» Es war Frau Arai, die ihren Ärger durch das ganze Flugzeug brüllte. Im nächsten Atemzug hörte ich schon meinen Namen.

«Frau Reiseleiterin, kommen Sie hierher! Und zwar schnell! Sofort! Das können wir unmöglich essen.»

Ich atmete tief durch und ging zu den beiden Frauen. Aller Augen waren auf uns gerichtet.

«Diese Flugbegleiterin richtet sich nicht nach unserem Wunsch, obwohl wir wertvolle Kunden sind. Die Ausbildung dieser Fluggesellschaft muss miserabel sein. Wenn wir uns bei Euren Vorgesetzten über Euch beschweren, bekommt Ihr bestimmt einen Rüffel! Das werdet Ihr schon noch zu spüren bekommen. Besonders du und du!»

Frau Arai zeigte mit ihrem dicken Wurstfinger auf die Flugbegleiterin, die gerade das Essen austeilte und auf mich. Die ausländische Flugbegleiterin, die Frau Arai nicht richtig verstand, machte ein angemessen bedauerndes Gesicht und zuckte mit den Schultern. Das machte Frau Arai noch wütender. Wenn die Flugbegleiterin sich einfach entschuldigt hätte, wäre es vielleicht anders verlaufen. Aber Europäer entschuldigen sich nicht gern ohne konkrete Gründe, ganz anders als Japaner, die sich ohne jeden Anlass laufend entschuldigen.

«Ich mache nur meine Arbeit. Ich sehe keinen Grund, mich zu entschuldigen», sagte die Flugbegleiterin auf Englisch und kümmerte sich schon um den nächsten Fluggast.

«Die Flugbegleiterin ist Ausländerin und versteht nicht, was wir sagen wollen», rief Frau Arai mit vor Zorn aufgeblasenen Backen. Ich musste unwillkürlich an einen dicken, runden Fugu-Fisch denken.

«Und Ausländer wissen nicht, wie sie sich bei ihren Kunden entschuldigen sollen. Also musst du dich jetzt auf den Boden knien und dich für diese unerträgliche

Unannehmlichkeit entschuldigen! Knie dich sofort hin, Frau Reiseleiterin! Los!»

Bevor ich ihrem ziemlich ungehörigen Befehl einfach gehorchte, verlangte ich zu sehen, was sie eigentlich zu essen bekommen hatten. Es stellte sich heraus, dass es sich um ein reines Gemüsegericht handelte. Es war zwar kein Fisch, aber es war ohne Zweifel vegetarisch. Ich war äußerst überrascht. Offenbar waren sie hartnäckig auf Fisch fixiert.

«Wir sind doch keine Kaninchen! Wir möchten nicht nur Gemüse essen. Wir möchten Fisch – so, wie versprochen!»

Die Dame von der Fluggesellschaft, mit der ich zwei Tagen zuvor telefoniert hatte, hatte mir versichert, dass wir auf dem Flug zwischen Huhn und Fisch wählen könnten. Aber die Auswahl an jenem Tag war: Huhn oder Rind. Es gab also gar kein Fischgericht. Vielleicht war der Essensplan aus irgendeinem Grund geändert worden oder der Dame, mit der ich gesprochen hatte, lag ein falscher Speiseplan vor. Aber der Hintergrund interessierte Frau Arai und Frau Sakamoto gar nicht. Frau Arai ließ sich jedenfalls nicht beruhigen, sie wurde immer lauter und forderte weiter von mir eine angemessene Entschuldigung. Ich wollte niemanden von den anderen Passagieren mit unserem Problem belästigen. Also kniete ich mich auf den Boden und entschuldigte mich für die Situation. Es war nicht meine Absicht, mich von den beiden bevormunden zu lassen, aber ich sah dies als einzige Möglichkeit, dieser Farce ein Ende setzen. Ich ließ mir die Demütigung gefallen in der verzweifelten Hoffnung, dass meine Geste ihnen den Wind aus den Segeln nehmen würde.

Kaum hatte ich mich entschuldigt, fingen Frau Arai und Frau Sakamoto an, sich mit Heißhunger über das Essen herzumachen. Ich konnte nicht glauben, was vor meinen Augen passierte. Gerade noch beschwerten sie sich über das angeblich ungenießbare Essen, und im nächsten Moment stürzten sie sich darauf wie wilde Tiere. Ich muss gestehen, dass dies eine der erniedrigendsten Erfahrungen war, die ich je in meinem Leben machen musste. Die Flugbegleiterin, die mich um zwei Köpfe überragte, sah mit geöffnetem Munde auf mich herab. Mit gesenktem Kopf ging ich zu meinem Platz zurück. Der Passagier neben mir stellte sich schlafend. Das ersparte uns eine peinliche Unterhaltung.

Am ersten Tag in Kopenhagen lief die Stadtbesichtigung wie am Schnürchen. Vom Bus aus sahen wir das Börsengebäude, Schloss Rosenborg und die Außenseite des Tivoli-Parks. Dann fuhren wir weiter zum Schloss Christiansborg, wo sich das Parlament befindet, und anschließend machten wir uns auf den Weg zum Nyhavn, wo es früher sehr viele Seemanns-Lokale gab. Wir schauten uns um 12 Uhr die Wachablösung vor Schloss Amalienborg an, und später gingen wir den Kanal entlang spazieren zur Lille Havfrue, der kleinen Meerjungfrau. Dort schossen wir zahlreiche Fotos, denn auch bei Japanern ist die Meerjungfrau berühmt. Das Wetter war ideal, die Luft trocken und frisch, der Himmel strahlend blau, kein Wölkchen war zu sehen. Nach der Stadtrundfahrt fuhren wir zum Restaurant, das nicht weit von der Strøget lag, der Fußgängerzone, wo die meisten Touristen den Nachmittag verbrachten.

Das Mittagessen dort ist immer gleich: Eine Gemüsesuppe und ein paar mit Lachs, Ei und Mayonnaise belegte Brote. In den skandinavischen Ländern ist alles sehr teuer, weshalb die Mahlzeiten dort auch meistens recht schlicht ausfallen. Das Budget darf nicht zu sehr strapaziert werden. Unseren Kunden machen wir es damit schmackhaft, dass wir ihnen erzählen, diese Gerichte seien die Lieblingsspeisen der Wikinger gewesen.

Weil das Essen in Kopenhagen immer fleischlos war, brauchte ich mir also keine Sorge wegen der zwei Vegetarierinnen zu machen. Wir bestellten alle etwas zum Trinken und warteten auf das Essen. Es herrschte eine seltsame Stimmung in unserer kleinen, sechsköpfigen Gruppe. Keiner sprach ein Wort. Niemand wagte es, sich auf eine Unterhaltung mit Frau Arai und Frau Sakamoto einzulassen. Bestimmt hatten alle noch die peinliche Situation aus dem Flugzeug im Kopf. Manchmal kann es auch von Nachteil sein, wenn die Reisegruppe sehr klein ist. Schlechte Stimmungen betreffen dann gleich alle Reiseteilnehmer.

Frau Arai und Frau Sakamoto fingen an zu rauchen, hatten aber niemanden um Erlaubnis dazu gebeten. Nach fünf Minuten kamen unsere Getränke, und alle waren erleichtert, weil wir etwas zu tun bekamen. Das Essen wurde nach und nach aufgetischt, und wir löffelten schweigend unsere Suppen. Frau Arai und Frau Sakamoto tranken ihre Biere in einem Zug leer und bestellten zwei weitere. Sie tranken und rauchten während des Essens und verschlangen alles in einem unglaublichen Tempo. Als sie aufgegessen hatten, schauten sie demonstrativ auf ihre Armbanduhr. Da fingen die anderen gerade erst an, in ihre Brote zu beißen.

«Wie lange in aller Welt braucht Ihr denn beim Essen?», ereiferte sich Frau Arai völlig unvermittelt. «Jede Minute auf einer Reise ist kostbar. Wenn Ihr so langsam esst, wird unsere Freizeit nachmittags kürzer. Also legt mal einen Zahn zu.»

Sie warf einen besonders strengen und geringschätzigen Blick auf Herrn und Frau Yamamoto, die beide über siebzig waren, und natürlich nur langsam essen konnten. Herr Yamamoto hatte wegen einer schweren Krebserkrankung einen langen Klinikaufenthalt hinter sich. Deshalb waren die beiden besonders glücklich darüber, dass sie noch einmal zusammen nach Europa reisen konnten. Alle in der Gruppe wussten davon.

«Wenn man mit älteren Leuten zusammen reisen muss, kommt man immer zu kurz», hackte Frau Arai weiter auf die beiden ein. «Man muss viel wertvolle Zeit für sie opfern. Sie laufen langsam, sie essen langsam, ja … alles geht langsam. Und sie halten es für eine Selbstverständlichkeit, dass die anderen auf sie warten, nur weil sie alt sind. Und dann zeigen sie kein Fünkchen Dankbarkeit. Bedauerlicherweise ist es auf dieser Reise auch so.»

Frau Arai stieß einen Seufzer aus und blickte erneut demonstrativ auf die Uhr.

Es war mucksmäuschenstill im Restaurant. Ein paar Sekunden später entschuldigten sich Herr und Frau Yamamoto mit gesenktem Kopf. Ihr Essen war kaum angerührt. Es war höchste Zeit, mich einzumischen.

«Wenn Sie schon fertig sind und wenn Sie schon Freizeit haben wollen, können Sie jetzt gern für die Biere bezahlen und gehen. Sowieso haben Sie alle am Nachmittag frei. Das Restaurant ist ganz in der Nähe der Fußgängerzone. Soll ich es Ihnen vielleicht auf dem Stadtplan zeigen?»

«Das ist nicht nötig», erwiderte Frau Arai barsch. Dann standen die beiden auf und verließen missmutig das Restaurant.

»Herr und Frau Yamamoto, bitte nehmen Sie sich die Worte der beiden nicht so zu Herzen», sagte ich, als Frau Arai und Frau Sakamoto außer Hör- und Sichtweite waren. «Wahrscheinlich ist ihnen nur eine Laus über die Leber gelaufen. Es gibt leider manchmal Menschen, die an allem etwas auszusetzen haben. Bitte lassen Sie sich Ihren Urlaub nicht davon verderben. Und bitte essen Sie in Ihrem Tempo.»

«Herr und Frau Yamamoto, unsere Reiseleiterin hat völlig Recht. Wir sind auch ganz ihrer Meinung. Es hat keinen Sinn, dass wir uns mit denen anlegen. Da sollten wir einfach drüber stehen», fielen Frau Kawaguchi und Frau Moriyama mit ein. Die beiden Frauen waren in den Fünfzigern und sehr gute Freundinnen.

«Frau Reiseleiterin, Sie sind ein echter Pechvogel!», setzte Frau Kawaguchi hinzu. «Solche Kunden sind kein Spaß. Schon das Verhalten der beiden gestern im Flugzeug war unmöglich. Am liebsten hätten wir da schon was gesagt. Aber, na gut. Wir stehen alle auf Ihrer Seite, Frau Reiseleiterin, nicht wahr, Herr und Frau Yamamoto?»

«Ja, natürlich. Wir möchten uns aber bei Ihnen entschuldigen, dass Sie wegen uns in diese Situation geraten sind. Von jetzt an bemühen wir uns, mit den anderen Schritt zu halten.»

«Sie brauchen sich nicht zu bemühen. Überlassen Sie mir die beiden. Bitte genießen Sie diese Reise ohne Sorgen in Ihrem Tempo», erwiderte ich.

«Ja, genau. Auch wenn Sie etwas langsam laufen oder essen, uns stört das keineswegs», sagte Frau Moriyama. «Diese Reise ist doch eine Belohnung dafür, dass Herr Yamamoto seine Krankheit überstanden hat. Lassen Sie uns Ihnen dazu gratulieren.»

Herr und Frau Yamamoto nickten, und Herr Yamamoto erzählte, wie glücklich er sei, dass es ihm geschenkt ist, noch einmal eine solche Reise unternehmen zu können. Wir saßen noch ein Weilchen zusammen im Restaurant, und irgendwie verband uns von diesem Zeitpunkt an eine Art Freundschaft.

Nach der dreistündigen Freizeit versammelten sich alle Reiseteilnehmer in der Hotellobby. Wir hatten vor, um fünf Uhr nachmittags zum Kai abzufahren, wo ein großes Passagierschiff auf uns wartete. Das Schiff sollte uns in sechzehn Stunden Fahrt nach Oslo bringen. Die

Nacht würden wir also auf dem Schiff verbringen. In diesem Schiff gab es alles: Restaurants, Cafés, Geschäfte und sogar ein Kino. Den Passagieren wurden rund um die Uhr verschiedenste Unterhaltungsprogramme geboten. Dank der Größe des Schiffs war die Fahrt fast immer vollkommen ruhig. Keiner brauchte zu befürchten, seekrank zu werden. Auf dem Schiff gab es immer ein üppiges Buffet mit Fleisch und Fisch, so war für diesen Reisetag die leidige Essensfrage hoffentlich auch kein Thema mehr.

Im Schiff zeigte ich meinen Gästen zuerst die wichtigsten Räumlichkeiten. Dann vereinbarten wir, uns 5 Minuten vor 20 Uhr vor dem Restaurant zu treffen. Das Abendessen war für 20 Uhr angesetzt. Weil sehr viele Passagiere an Bord waren, wurde in zwei Essensschichten gegessen. Die erste startete um 17.30 Uhr, die zweite um 20 Uhr. Welche Gruppe, wann zum Essen durfte, wurde von den Organisatoren auf dem Schiff bestimmt. Wir selbst hatten keinen Einfluss darauf.

Ich war froh, dass ich ein bisschen Zeit für mich hatte, mich in meiner Kajüte etwas entspannen konnte und für ein paar Minuten den Boshaftigkeiten von Frau Arai und Frau Sakamoto entkam. Als ich gerade dabei war, meine Jacke auszuziehen, klopfte ein Mitglied der Besatzung an meiner Tür. Er bat mich, dringend ins Restaurant zu kommen. Dort warte eine Reiseleiterin-Kollegin auf mich, die ein großes Problem habe, bei der sie meine Hilfe benötige. Ich hatte keinen blassen Schimmer, bei welchem Problem ich einer fremden

Kollegin hätte helfen können. Trotzdem folgte ich, wenn auch etwas ratlos, dem Steward ins Restaurant. Als ich dort eintraf war es kurz vor 18 Uhr. Und es bedurfte nur eines Blickes, um zu erkennen, was los war.

An einem der runden Tische saßen Frau Arai und Frau Sakamoto und machten eine Unschuldsmiene. Meine Kollegin erklärte mir aufgeregt, die beiden hätten sich einfach an den Tisch ihrer Gruppe gesetzt und behauptet, dass für sie ein Platz für 17.30 Uhr reserviert sei. Sie würden sich nicht wegbewegen und auch nicht einsehen, dass ihnen der Platz nicht zustünde. Ich atmete tief durch, ging zu Frau Arai und Frau Sakamoto und versuchte, ihnen die Situation zu erklären. Wie nicht anders zu erwarten war, stieß ich auf taube Ohren.

«Wenn wir erst um 20 Uhr hier zum Essen kommen, werden uns doch nur noch die Reste serviert. Das möchten wir auf jeden Fall vermeiden, deswegen sind wir schon jetzt hier.»

«Ich kann Ihnen versichern», sagte ich, «um 20 Uhr werden alle Gerichte erneut frisch zubereitet. Sie brauchen sich keine Sorgen zu machen.»

«Das kann jeder sagen», zwitscherte Frau Sakamoto dazwischen. Im Vergleich zum Anfang der Reise war Frau Sakamoto mittlerweile erstaunlich aufmüpfig geworden.

«Am Ende gibt's nur aufgewärmtes Zeug. Und überhaupt haben wir heute Mittag nur ein Sandwich bekommen, das war doch kein richtiges Essen. Wir haben Hunger und zwar jetzt.»

Frau Arai strahlte siegessicher über das ganze Gesicht. In der Zwischenzeit hatten die Kellner die Tische etwas umgestellt, so dass alle Kunden meiner Kollegin Platz fanden.

«So, und wir holen uns jetzt was zu essen», befanden Frau Arai und Frau Sakamoto und marschierten schnurstracks zum Buffet. Es schien sie nicht im Geringsten zu stören, dass aller Blicke auf sie gerichtet waren und sie im Zentrum der Aufmerksamkeit standen. Da kam der Küchenchef auf mich zu.

«Lassen Sie nur, wir haben ein paar übrige Plätze. Die sollen ruhig jetzt essen gehen.»

Ich entschuldigte mich bei meiner Kollegin für das Verhalten meiner Kunden und machte mich schleunigst auf den Weg zurück in meine Kajüte. Das einzige Positive an der Geschichte war, dass wir nicht gemeinsam mit den beiden zu Abend essen mussten.

«Kommen Frau Arai und Frau Sakamoto nicht?», fragte Frau Yamamoto, als wir zu fünft an unserem Tisch saßen. Ich erzählte, dass es ein Missverständnis gegeben habe und die beiden schon um 17.30 Uhr zum Essen gegangen seien. Meine Erklärung wirkte irgendwie appetitanregend, denn Herr Yamamoto sagte auf einmal:

«Dann lasst uns doch gleich zum Buffet gehen. Ich habe einen Mordshunger.»

Als wir uns am Buffet anstellten, tippte mir der Küchenchef auf die Schulter und zeigte mit dem Finger zum Restauranteingang. Dort standen, in einen heftigen Streit mit der Empfangsdame verwickelt, Frau Arai und

Frau Sakamoto. Lautstark verlangten sie Einlass ins Restaurant. Ich stellte meinen Teller zurück und hetzte zum Eingang. Dort wurde ich von den beiden beschimpft, warum ich nicht auf sie gewartet hätte.

«Aber Sie haben doch schon gegessen», erwiderte ich.

«In dem ganzen Tumult vorhin konnten wir unser Essen gar nicht richtig genießen. Wir haben fast keinen Bissen hinuntergebracht. Wir haben ein Recht auf ein anständiges Abendessen», sagte Frau Arai entschlossen. «Und da hinten sitzt ja unsere Gruppe.»

Daraufhin stürmten die beiden einfach an der Empfangsdame vorbei hin zu unserem Tisch. Und ich hinterher.

«Hey, Ihr habt wohl ohne uns angefangen zu essen», monierte Frau Arai herrisch. «Ihr könnt nicht mal warten. Eine tolle Reisegruppe ist das.»

Dann entschwanden sie zum Buffet und kamen mit voll geladenen Tellern zurück.

Nach einem großzügigen Frühstück am nächsten Tag packten wir eilends unsere kleinen Koffer zusammen, um nach Ankunft das Schiff zügig verlassen zu können. Der Ausstieg dauert ungefähr eine Stunde. Wenn wir uns früh genug am Ausgang bereitstellten, gewannen wir eine ganze Stunde. Tatsächlich schafften wir es fast als erste von Bord zu kommen und saßen schon im Bus, als sich die meisten der anderen Passagiere noch mühsam aus dem Schiff kämpften.

Oslo liegt ungefähr hundert Kilometer von der Küste entfernt. Für eine Hauptstadt ist es ziemlich klein. Es gibt ausgedehnte Parks und Grünanlagen, und man fühlt sich schnell sehr wohl. Wir besuchten in Oslo das Nationalmuseum, wo man viele Werke Munchs bewundern kann, sowie ein weiteres Museum, in dem einige Wikingerschiffe ausgestellt sind. Anschließend stand der Vigelandpark auf dem Programm. Dort gibt es über zweihundert Skulpturen, welche die Entwicklungsphasen des Menschen darstellen. Üblicherweise unternehme ich mit meinen Reisegruppen einen Spaziergang durch den Park, und unser Stadtführer kommentiert die beliebtesten oder bekanntesten Objekte. Der Besuch dieses Parks ist, ehrlich gesagt, kein besonderer Höhepunkt für japanische Touristen. Aber Oslo ist so klein, dass man Mühe hat, ein drei-stündiges Besichtigungsprogramm vollzukriegen. Kaum waren wir ein paar Schritte gegangen, da meldete sich mit kreischender Stimme Frau Arai.

«Hey, wie lange sollen wir hier noch nutzlos rumlaufen? Das ist ja ein total langweiliger Ort. Und mit Oma und Opa in ihrem Tempo gehen wir hier ja noch Stunden rum.»

«Genau», pflichtete Frau Sakamoto bei.

«Das ist nun mal Teil unseres Programms», erwiderte ich so gelassen wie möglich.

«Diesen Ort sollte man vom Programm streichen. Wir möchten hier keine kostbare Minute mehr verschwenden», setzte Frau Arai gereizt hinzu.

«Genau», sagte Frau Sakamoto wieder.

«Wir möchten jetzt sofort mit einem Taxi zurück in die Stadt. Du rufst uns jetzt sofort ein Taxi», sagte Frau Arai.

«Genau.»

Nachdem ein Taxi unsere zwei Monster mitgenommen hatte, konnten wir unseren Spaziergang in Ruhe fortsetzen. Die Stimmung war plötzlich gelöst, auf einmal entstanden kleine Unterhaltungen zwischen meinen Gästen, und hin und wieder wurde auch gelacht.

Als wir uns am Abend am Hotelempfang wieder trafen, drückte Frau Arai mir schroff einen Zettel in die Hand. Es war eine Taxirechnung.

«Wir möchten das Geld dafür zurück. Wir mussten auf eigene Faust diese Stadt erkunden, eine Stadt, in der wir nie vorher waren. Weil du dich mehr um diese alten Trottel kümmerst als um uns. Kundenbetreuung wird scheinbar bei deiner Firma nicht groß geschrieben.»

«Wenn Sie möchten, können Sie sich gern offiziell bei unserer Firma beschweren», sagte ich. Dann warf ich einen Blick auf die Taxirechnung. Da standen mehr als hundert Euro.

«Das verstehe ich nicht ganz», sagte ich. «Vom Vigelandpark in die Stadt kostet es höchstens 25 Euro. Wohin sind Sie in aller Welt mit dem Taxi gefahren?»

«Wir haben das Taxi den ganzen Nachmittag gemietet. Was sollten wir sonst tun? Irgendwie muss man in dieser Stadt ja herumkommen. Und unsere Reiseleiterin kümmert sich ja nicht um uns.»

«Ich kann diese Rechnung nicht einfach übernehmen. Das verstehen Sie bestimmt.»

«Nein, das verstehen wir nicht.»

«Ich habe dafür kein extra Geld zur Verfügung», erklärte ich entschlossen.

«Dann musst du es eben aus eigener Tasche bezahlen.»

«Genau», brummte Frau Sakamoto.

Ich wollte mich auf keine weiteren Diskussionen einlassen und sagte: «Ich muss mich darüber mit meinem Chef beraten.»

«Wenn du die Kosten nicht übernimmst, werden wir deine Firma verklagen. Sag das deinem Chef.»

Mit diesen Worten stolzierte Frau Arai gefolgt von Frau Sakamoto ins Restaurant, wo unser Essen auf uns wartete.

Am vierten Tag stand eine herrliche Panoramafahrt mit dem Zug nach Myrdal auf dem Programm. Die Fahrt dauerte viereinhalb Stunden und führte durch eine wunderschöne, geradezu mystische Landschaft. Alle drehten ihre Köpfe pausenlos nach rechts und links, überwältigt von der landschaftlichen Kulisse. Die Fotokameras liefen heiß. In Myrdal stiegen wir um und fuhren weiter nach Flam. Diese Zugfahrt war der absolute Höhepunkt des Tages. Zwischen Myrdal und Flam legte unser Zug nur 20 Kilometer zurück, aber wegen des steilen Anstiegs dauerte die Fahrt gut 50 Minuten. Zu beiden Seiten sind unglaublich viele Wasserfälle zu sehen. Während dieser 50-minütigen Fahrt hielt der Zug einmal, und die Passagiere durften vom Bahnsteig aus den bekanntesten Wasserfall fotografieren. In Flam verloren wir keine Zeit, sondern machten uns geradewegs auf zum Schiff nach Gudvangen.

Die Schifffahrt war der zweite Höhepunkt des Tages. Die Landschaft, die sich vom Bahnhof Flam aus zeigt, gehört schon zum Aurlandsfjord. Wir fuhren mit einem kleinen Schiff nach Aurland und von dort in den Sognefjord nach Gudvangen. Der Sognefjord ist mit 204 Kilometern der längste und mit 1308 Metern auch der tiefste Fjord der Welt. Als wir in Gudvangen ankamen, hatten wir noch ungefähr 150 Kilometer vor uns, denn wir mussten am selben Tag noch bis Bergen. Bis dahin war alles glattgelaufen. Ich spürte zu meiner Freude, dass sich die versteinerte Atmosphäre in unserer Gruppe ein bisschen gelockert hatte. Jetzt mussten wir also nur noch eine Busfahrt von 150 km hinter uns bringen.

Die Busfahrten mit dieser Gruppe bargen jedoch immer ein kleines Problem. Aufgrund der Folgeerscheinungen seiner Krankheit musste Herr Yamamoto häufig die Toilette aufsuchen. Über diese Situation wurde ich schon im Vorfeld der Reise informiert. Herr Yamamoto brauchte, wenn möglich, alle 30 Minuten eine Toilette. Aber er hatte vor der Reise schon trainiert, um die Zahl seiner Toilettenbesuche zu reduzieren. Trotzdem musste ich stündlich mit einer Toilettenpause rechnen. Das konnte natürlich gerade bei Busfahrten zum Problem werden, insbesondere dann, wenn man auf Landstraßen unterwegs war, Raststätten mit Toiletten sind dort rar gesät. Ich informierte unseren Busfahrer, Johan, und wir versprachen Herrn Yamamoto, dass wir unser Bestes für ihn tun würden.

Als Herr Yamamoto um eine erste Rast bat, waren wir gerade mal 30 Minuten unterwegs. Johan und ich entschieden, kurz vor der Abfahrt von der Autobahn bei der letzten Raststätte noch einmal eine kurze Pause einzulegen. Das traf jedoch auf entschiedenen Widerstand von Frau Arai.

«Eine Pause ist völlig unnötig! Wir haben heute noch viele Kilometer vor uns, und wir haben keine Minute zu verlieren. Frau Reiseleiterin, du brauchst dich nicht immer nach den Wünschen von Herrn Yamamoto zu richten. Bei dem schießen die Wünsche wie Pilze aus dem Boden. Wir haben viel Geld für diese Reise bezahlt, aber nicht dafür, ständig auf die Toilette zu gehen. Der alte Mann bringt unseren ganzen Reiseplan durcheinander. Es ist richtiggehend lästig. Fahr einfach weiter, ohne Toilettenpause!»

Frau Sakamoto stimmte Frau Arai zu.

«Ist es nicht Deine Arbeit, diese Reise gut zu organisieren? Und wir sind alle gleichberechtigt. Wenn du nur dem alten Mann seine Wünsche durchgehen lässt, führst du diese Reise nur ins Chaos. Wer will denn jetzt schon wieder auf die Toilette gehen, nur eine halbe Stunde nach der letzten Toilettenpause? Nur Herr Yamamoto, sonst niemand. Also gibt es jetzt einen Mehrheitsbeschluss, dass wir ohne Pause weiter fahren. Punkt!»

Frau Arai applaudierte.

«Das hast du schön gesagt.»

Offenbar ermunterte das Frau Sakamoto weiter zu sticheln.

«Es ist sowieso völlig unzumutbar, dass ältere Menschen, besonders wenn sie eine Krankheit haben, überhaupt an einer Gruppenreise teilnehmen. Wir sind die Leidtragenden. Und dann wollen sie mit ihren Krankheitsgeschichten auch noch unser Mitleid erregen. Da sind sie aber schief gewickelt. Wir möchten diese Reise ohne Störung genießen, dafür haben wir eine Menge Geld bezahlt! Und es ist eigentlich eine unglaubliche Dreistigkeit, dass alte Menschen es für selbstverständlich halten, dass ihre Wünsche immer erfüllt werden. Sie können nicht schnell genug essen, sie können ihre Bedürfnisse nicht kontrollieren. Selbstsüchtig ist das, nichts weiter.»

Frau Arai applaudierte heftig.

Niemand wagte es, etwas gegen die beiden streitsüchtigen Monster einzuwenden. In unserem Bus herrschte ein unbehagliches Schweigen. Da kam Herr Yamamoto auf mich zu.

«Ich habe für alle Fälle ein paar Tüten dabei. Eine Bitte um eine Toilettenpause fällt mir unter diesen Umständen sehr schwer. Ich möchte nicht zur Last fallen. Vergessen Sie es. Ich kümmere mich um mich selbst.»

Frau Arai, die die Ohren gespitzt hatte, um unsere Unterhaltung mitzukriegen, plärrte daraufhin los.

«Unglaublich! Der Mann möchte im Bus sein Bedürfnis verrichten, in eine Tüte! In aller Öffentlichkeit! Der muss einen Knall haben!»

Frau Arai zeigte ihm den Vogel. Ich verlor die Geduld.

«Frau Arai und Frau Sakamoto, das geht jetzt zu weit. Wir sind alle gewissermaßen Genossen in einer Reisegruppe. Wir sitzen alle in einem Boot. Alle haben ein Recht darauf, ihre Wünsche zu äußern. Wenn es die Umstände erlauben, verwirkliche ich ihre Wünsche, das ist meine Aufgabe. Darüber hinaus: Ist es nicht normal, dass wir auf jemanden, der älter oder krank ist, Rücksicht nehmen? Ich bitte Sie um ein bisschen mehr Respekt. Und hier haben nicht Sie das Sagen, sondern ich. Ich bin die Chefin dieser Gruppe. Wenn Sie sich über mich oder mein Verhalten beschweren wollen, dann können Sie das gern bei meiner Firma machen. Ich habe keine Angst.»

Noch nie hatte ich so mit einem meiner Kunden gesprochen. Aber ich hielt dieses freche Genörgel einfach nicht mehr aus. Ich hatte mich schon auf ein größeres Gezeter eingestellt, aber die beiden hielten Gott sei Dank, etwas eingeschnappt, die Klappe. Nach fünf Minuten fuhren wir in die Raststätte ein, und ich sagte laut:

«Wir machen jetzt eine 10-minütige Pause.»

Frau Arai und Frau Sakamoto stiegen auch aus dem Bus. Als sie an mir vorbeigingen, warf Frau Arai mir zu:

«Du kannst dir ausrechnen, wie die Sache ausgeht.»

Ich versuchte, ihre Bemerkung zu ignorieren.

Kaum waren die zwei Frauen außer Sichtweite, sprach Frau Yamamoto mich an.

«Ich bin dir sehr zu Dank verpflichtet. Wir haben großes Glück, dich als unsere Reiseleiterin zu haben. Du bist wirklich sehr mitfühlend. Wir schätzen uns sehr glücklich, dass wir noch mal nach Europa fliegen konnten. Aber ich weiß nicht, wie wir uns für die Tatsache, dass wir den anderen so zur Last fallen, entschuldigen können. Ich hoffe sehr, es fällt nicht auf dich zurück, dass du dich so sehr für uns eingesetzt hast. Ich wäre nicht überrascht, wenn die beiden etwas gegen dich aushecken.»

«Bitte machen Sie sich um mich keine Sorgen. Ich kenne mich mit solch schwierigen Kunden aus. Reiseleiterinnen müssen hart im Nehmen sein. Wenn sie sich später über mich beschweren sollten, wird mein Chef meine Position sicher verstehen. Ich konnte einfach nicht mehr mit anhören, was die zwei Frauen über Ihren Mann sagten. Es tut mir sehr leid.»

Nach zehn Minuten kamen alle Kunden zum Bus zurück, und wir fuhren ab. Als Frau Arai und Frau Sakamoto an mir vorbeigingen, zischten sie mir mit bösen, drohenden Blicken zu:

«Du wirst uns nicht mehr so abkanzeln!»

Wer mir großen Trost spendete, war unser Busfahrer Johan. Obwohl er kein Japanisch konnte, verstand er doch schnell die ganze Situation.

«Wir nennen den beiden für morgen einfach eine spätere Abfahrtszeit. Ehe die es merken, sind wir schon weg. Was meinst du?»

Keine schlechte Idee, dachte ich.

Am fünften Tag stand uns ein ganzer Tag in Bergen zur Verfügung. Bergen ist die zweitgrößte Stadt in Norwegen. Es liegt in einer schmalen Zone zwischen dem Meer und den Bergen. Die meisten Häuser sind aus Holz gebaut und in verschiedenen Farben gestrichen. Alles ist sehr bunt und farbenprächtig. Am Abend wollten wir auf den Berg Fløyen fahren und in einem eleganten Restaurant ein Drei-Gänge-Menü einnehmen. Der Berg ist ungefähr 320 Meter hoch. Eine Seilbahn führt in acht Minuten auf den Gipfel. Von dort aus bietet sich ein wunderschöner Blick über den Fjord. Soweit das Auge reicht, gibt es Wasser, Wasser und wieder Wasser! Und den Hafen von Bergen, dahinter endlose Fjorde. Um 17.30 Uhr, als wir am Gipfel eintrafen, war die Aussicht einfach grandios. Alle waren wir richtig ergriffen.

Im Restaurant wurden wir von einem fein gekleideten Kellner willkommen geheißen. Hier erwarteten wir das schönste Essen als Krönung dieser Reise. Die Tische waren adrett mit weißen Tüchern gedeckt und mit Blumen und Kerzen dekoriert. An jedem Platz lag eine Speisekarte mit dem Menü: ein großer Salat mit verschiedenen Meeresfrüchten, ein Rinderfiletsteak mit Gemüse und ein karamellisierter Pfannkuchen mit Eis. Weil unser Tisch direkt am Fenster stand, konnten wir weiter den wunderbaren Ausblick genießen.

Bereits am ersten Tag der Reise hatte ich das Restaurant angerufen, um für Frau Arai und Frau Sakamoto zwei Fischgerichte statt Rinderfilet zu bestellen. Dieser Änderungswunsch kostete jeweils 15 Euro. Kaum hatten wir alle Platz genommen, winkte ich den Chefkellner herbei und fragte, ob er wegen der Änderung des Menüs für zwei meiner Gäste Bescheid wusste. Er nickte mir zu.

«Alles unter Kontrolle. Genießen Sie ganz ohne Sorge Ihr Essen.»

Ich war sehr erleichtert und erzählte den anderen Gästen am Tisch, dass Frau Arai und Frau Sakamoto kein Fleisch essen könnten und dass sie deshalb Fisch statt Fleisch bekommen würden. Und ich fügte hastig hinzu, dass sie dafür schon in Japan bei der Anmeldung der Reise extra bezahlt hätten. Damit wollte ich verhindern, dass die anderen sich fragten, warum sie keinen Fisch bekämen.

Als Reiseleiterin war ich schon mehrmals in diesem Restaurant gewesen, es war jedes Mal ein neuer Genuss. Das Essen wird immer sehr kunstvoll angerichtet, vom Geschmack ganz zu schweigen. Auch die Bedienung war hervorragend. Nach einer angenehmen kleinen Pause wurde der zweite Gang serviert. Leckere Gerüche stiegen uns in die Nase, als die Teller mit dem Rinderfiletsteak auf den Tisch gestellt wurden. Und unsere zwei Nörgler bekamen, wie gewünscht, ein Fischgericht: ein sehr appetitlich aussehendes Lachsfilet und dazu eine große Menge Kartoffelauflauf. Überdies kam ein kleiner gemischter Salat für jeden. Das war ein perfektes Gericht für Vegetarierinnen.

«Das ist ja die absolute Höhe», rief Frau Arai erbost. Und Frau Sakamoto schnitt eine Grimasse, als hätte sie gerade in die sauerste Zitrone der Welt gebissen.

Was war denn jetzt wieder nicht in Ordnung?

«Du bist eine echt begriffsstutzige Reiseleiterin! Wir bestellten zwar Fischgerichte, aber nicht das. Das ist ja schon wieder Lachs! Lachs aßen wir heute Mittag schon. Zweimal Lachs an einem Tag? Das ist eine unerhörte Frechheit.»

Mit diesen Worten und mit wutverzerrtem Gesicht warfen sie den ganzen Tisch um. Ein Höllenlärm. Alle Gäste des Restaurants drehten sich nach uns um. Was für eine peinliche Situation!

Die Kellner aber reagierten mit höchster Professionalität. Meine komplette Gruppe wurde zu einem anderen frisch gedeckten Tisch geführt, und die Getränke wurden von neuem eingeschenkt. Der Chefkellner kam auf mich zu und flüsterte:

«Keine Sorge. Wir machen weiter, als ob nichts passiert wäre. Ich bitte den Chefkoch etwas anders für diese zwei anspruchsvollen Damen zuzubereiten.»

Auf der einen Seite berührte mich sein nettes Angebot, aber auf der anderen Seite ging mir natürlich sofort durch den Kopf, was das alles kosten würde. Ich hatte zwar ein paar hunderte Euro extra dabei, aber sie reichten bestimmt nicht aus. Der Chefkellner schien meine Gedanken zu erraten, und er schlug vor, dass sie über die Kosten später mit unserer Firma direkt sprechen würden. Ich raffte allen Mut zusammen und entschuldigte mich bei den gesamten Gästen für den Radau, bevor ich mich wieder an den Tisch setzte. Die beiden Frauen bekamen diesmal gebratenen Kabeljau mit Sahnesoße. Sie verzehrten ihn gemächlich und zufrieden. Ich aber brachte kaum einen Bissen hinunter.

Am sechsten Tag flogen wir nach Stockholm, unser letztes Reiseziel. Stockholm ist eine ins Wasser gebaute Stadt, sie besteht aus vierzehn Inseln, die durch Brücken miteinander verbunden sind. Wir kamen relativ früh im Hotel an, nachdem wir die Stadt zusammen besichtigt hatten. Das Hotel lag ganz im Zentrum, so konnte jeder noch einmal bequem in die Stadt spazieren. Normalerweise gehe ich auch zur Abwechslung aus, manchmal allein, manchmal mit den Kunden. Aber an jenem Tag blieb ich im Hotel, um mich ein wenig auszuruhen. Das war ein großer Fehler. Denn plötzlich klingelte das Telefon in meinem Zimmer. Am anderen Ende der Leitung war Frau Arai. Sie bat mich, sofort zu ihnen ins Zimmer zu kommen. In ihrer Stimme schwang deutlicher Ärger mit.

«Unser Zimmer ist eine Zumutung. So geht das wirklich nicht. Komm bitte so schnell wie möglich zu unserem Zimmer.»

Wenigstens war es als Bitte formuliert.

Als ich das Zimmer von Frau Arai und Frau Sakamoto betrat, fiel mir sofort auf, dass sämtliche Schränke aufgerissen waren. Ihr Zimmer ging auf einen schmalen Vorgarten mit einem Teich hinaus. Es gab zwei getrennte Betten, ein Sofa und einen kleinen Tisch. Frau Arai saß mit leicht gespreizten Beinen auf dem Bett und blickte zu mir hinauf. Frau Sakamoto stand mit in die Hüfte gestützten Händen neben ihr. Sie sahen mich beide herausfordernd an. Ich konnte mir nicht vorstellen, was ihren Unmut so erregt hatte. Frau Arai stand langsam auf und ließ sich in das Sofa plumpsen.

«Warum stehst du so reglos da? Mach was. Bitte begutachte das Zimmer!»

Frau Arai warf mir einen tadelnden Blick zu, schob mich zur Seite und weiter zu den Betten hin. Frau Sakamoto reichte mir wortlos ein Vergrößerungsglas.

«Schau dir hier zum Beispiel unsere Kissen aufmerksam an!»

Durch die Lupe blickte ich auf das Kissen. Aber ich hatte immer noch keine Ahnung, was sie meinten.

«Näher! Näher! Betrachte es aufmerksamer! Du kannst nicht sagen, dass es nichts gibt, über das wir uns beschweren dürfen.»

Immer noch begriff ich nicht, worauf sie hinaus wollten.

«Was ist Ihr Problem? Ich kann nichts erkennen», sagte ich wahrheitsgemäß.

Sie blickten mich verächtlich an, als ob ich ein hilfloser Narr wäre. Und Frau Arai packte mich am Hals und drückte ihn mit aller Kraft auf den Bezug.

«Warum kannst du solche klaren Probleme nicht sehen? Schau dir mal das hier an. Da! Der Bezug hat Löcher. Das Hotel lässt seine Gäste in so etwas schlafen!»

«Bitte setz dich nicht auf unsere Betten, und drück sie nicht ein!», forderte Frau Sakamoto. Wir wollen nicht, dass du auf unserem Bett sitzt. Du darfst dich auf den Boden setzen, um den Bettbezug zu begutachten.»

Als ich noch mal mit dem Vergrößerungsglas den Bezug betrachtete, fand ich auf der Oberfläche des Bezugs ein paar winzige Löcher. Aber diese Löcher waren erst mit dem Vergrößerungsglas zu erkennen, mit bloßen Augen war es unmöglich, etwas festzustellen. Die beiden spinnen ja! Ich biss mir auf die Zunge.

«Möchten Sie sich über diese kaum zu sehenden Löcher beschweren? Wenn ich ganz ehrlich sein darf, kann ich es mir nicht erklären, was Sie daran so erregt. Wenn eine Glühbirne in Ihrem Zimmer durchgebrannt wäre, dann würde ich jemanden bitten, sie zu wechseln. Aber wer soll sich um solche winzigen Löcher kümmern? Im Hotel werden Bettbezüge fast jeden Tag gewaschen. Solange sie sauber sind, finde ich kein Problem dabei.»

«Du bist entweder eine Anfängerin oder eine ganz blöde, dumme Reiseleiterin. Du versuchst uns wohl, für dumm zu verkaufen. Stellst uns gar als Lügnerinnen hin. Wir möchten, dass du uns ein neues Zimmer besorgst. Unannehmlichkeiten zu beseitigen ist doch deine Pflicht, nicht wahr? Du hast die Wahl: Du verschaffst uns ein anderes Zimmer, oder du erstattest die Reisekosten zurück!»

Ich rief den Empfang an und gab die Beschwerde der beiden weiter. Es ging mir sehr gegen den Strich, ausgerechnet ihnen auf diese Weise ein besseres Zimmer zu verschaffen. Aber was sollte ich tun? Die Hotelangestellte, die sich um uns kümmerte, war noch recht neu im Geschäft. Sie wusste zunächst auch nichts mit dieser Beschwerde anzufangen. Aber nach Rücksprache mit ihrem Chef, gab sie Frau Arai und Frau Sakamoto ein Zimmer einer höheren Kategorie. Die beiden grinsten mich triumphierend an.

Das neue Zimmer lag im obersten Stockwerk. Es hatte zwei große Betten, ein geschmackvolles Ledersofa, zwei bequeme Sessel, außerdem war es mehr als doppelt so groß wie das ursprüngliche Zimmer. Vor den Fenstern hingen schwere Vorhänge, und im blitzblanken Badezimmer stand eine große Badewanne und eine extra Dusche.

«Das ist o.k.», sagte Frau Arai zufrieden. «Aber wir tragen unsere Koffer nicht selbst herauf. Das soll Frau Reiseleiterin machen.»

Sprachlos folgte ich den beiden zurück zu ihrem alten Zimmer, um mich um ihre Koffer zu kümmern. Und erst jetzt sah ich, was mir vorher gar nicht aufgefallen war. Auf ihrem Tisch standen unglaublich viele angebrochene oder leere Dosen sowie Gläser mit Fleisch und Wurst. Ich war ganz von dem Socken.

«Na, und?», sagte Frau Arai, die meine Entdeckung bemerkt hatte. «Wir essen gern Fleisch, aber nur zu Hause. In Europa ist Fisch wesentlich teurer als Fleisch, stimmt's? Mit Fisch kommt man also besser weg. Und die trottelhafte Angestellte in deiner Firma akzeptierte unsere Wünsche. Jetzt brauchen wir nicht mehr darüber zu diskutieren ...»

Sie forderten mich auf, das Zimmer zu verlassen und in einer Viertelstunde wiederzukommen, um ihre Koffer abzuholen. Als ich zurückkam, standen nur ihre zwei Koffer vor der Tür. Ich trug die Koffer zu ihrem neuen Zimmer und klopfte. Frau Arai öffnete.

«Du darfst die Koffer da hinstellen. Für die leeren Dosen und Gläser in unserem alten Zimmer haben wir keine Verwendung mehr. Du kannst sie gern wegräumen.»

Dabei grinste sie mir wieder frech ins Gesicht. Ich sagte kein Wort und ging einfach. In meinem Zimmer angekommen, war ich so wütend, dass ich eine ganze Tafel Schokolade aufaß. Die ganze Nacht konnte ich kein Auge zutun.

Später fand ich heraus, dass die beiden schon bei anderen Reiseunternehmen aufgefallen waren. Ihre Masche war immer die gleiche: Sie gaben sich als Vegetarierinnen aus, waren rasch in Rage zu bringen und herrschten die Reiseleiterinnen an, um ihre Wünsche durchzusetzen. Wenn ein anderer Kunde ihnen auf die Nerven ging, machten sie ihm die Hölle heiß. Es störte sie nicht im Geringsten, dass sie es sich auf diese Weise mit all ihren Reisegenossen verscherzten. Meine einzige Genugtuung am Ende war: Bei unserer Firma wurden die beiden auf die schwarze Liste gesetzt; sie werden nie wieder bei uns eine Reise buchen können.

Horror Moon statt Honey Moon

Hochzeitsreisen sind besondere Reisen, die stets mit hohen Erwartungen verknüpft sind. Die Flitterwochen sollen zu einem unvergesslichen Erlebnis werden, das man ein Leben lang in süßer Erinnerung behalten will. Für japanische Paare gilt dies in besonders hohem Maße. Hochzeitsreisen sind für mich als Reiseleiterin deshalb eine große Herausforderung, schließlich will ich den Erwartungen gerecht werden und beim Abschied glückliche Paare sehen.

Unvergesslich – in einem ganz anderen Sinn freilich – wurde eine Reise, die ich eines Tages Anfang April übernahm. Wie es der Zufall wollte, bestand die Gruppe aus sieben frisch vermählten, jungen Paaren. Erwartungsfroh und gespannt fieberten sie ihrem Honeymoon entgegen. Dass ausgerechnet auf dieser Reise eine Katastrophe die nächste jagen sollte, hätte sich in seinen schlimmsten Träumen niemand vorstellen können.

Schon der Reiseauftakt verlief unglücklich. Aufgrund eines Streiks der Fluggesellschaft starteten wir in

Tokio mit sechsstündiger Verspätung. Um 23.30 Uhr kamen wir völlig erschöpft in Rom an, unserem ersten Reiseziel. In den meisten Fällen machen sich die jungen Ehepaare unmittelbar am Tag nach der Hochzeitszeremonie auf den Weg in die Flitterwochen. Hinter ihnen liegt eine stressige Vorbereitungszeit, denn das Fest wird bis ins letzte Detail durchgeplant, und der Tag der Hochzeit selbst ist aufregend und anstrengend. Ich konnte mir gut vorstellen, wie erledigt alle sein mussten. Doch Gott sei Dank waren wir ja endlich an unserem Zielort eingetroffen. Jetzt mussten wir nur noch zum Hotel fahren und in unsere Betten kriechen.

Vom Flughafen in Rom bis zur Stadt fährt man ungefähr 45 Minuten mit dem Bus. Das war zu verkraften. Und da unsere Koffer zügig und glücklicherweise vollzählig aufgetaucht waren, sollte eigentlich alles glatt verlaufen. Eigentlich.

Im Ankunftsbereich in Rom wartete Sarah, die Assistentin unseres Organisationsbüros, bereits voller Ungeduld auf uns. Ich kannte sie gut, wir hatten schon oft zusammengearbeitet. Nach der anstrengenden Anreise war ich erleichtert, ihr vertrautes Gesicht zu sehen.

«Hallo Sarah», rief ich ihr zu. Aber statt eines Lächelns, warf sie mir einen genervten, unruhigen Blick zu. Hastig streckte sie mir zur Begrüßung ihr Handy entgegen.

«Das ist für dich! Der Chef.»

Ein Anruf für mich? Von Herrn Takahara? Um diese Zeit?

Takaharas Stimme klang nervös, er sprach unglaublich schnell.

«Es tut mir sehr leid, dass euer Flug eine so gewaltige Verspätung hatte. Ihr müsst sehr müde sein. Und jetzt haben wir auch noch ein kleines Problem mit den Hotelzimmern – das tut mir schrecklich leid.»

Das fehlte gerade noch.

«Aber keine Sorge», sprach Takahara atemlos weiter. «Ich sage nicht, dass ihr keine Zimmer habt. Um Gottes willen! Nein, nein, ihr habt sogar schönere und bessere Zimmer, aber in einem anderen Hotel als wir ursprünglich geplant hatten. Das Tokio-Büro ist ebenfalls schon informiert, und man hat sich bereits darum gekümmert, die Familienangehörigen der Kunden über die Adressänderung des Hotels zu verständigen. Also kein Problem. Du kannst mit den Gästen jetzt einfach zum Hotel fahren. Euer Busfahrer weiß Bescheid.»

«Zu welchem Hotel?», fragte ich.

«Zum Grand Hotel Fuiggi.»

«Wie bitte? Zu welchem Hotel?»

«Zum Grand Hotel Fuiggi.»

Ich war oft genug in Rom, und kannte fast alle Hotels. Aber von einem Grand Hotel Fuiggi hatte ich noch nie etwas gehört.

«Wo liegt denn das Hotel? In welchem Stadtteil?»

«In Fuiggi.»

«In Fuiggi? Welcher Stadtteil Roms ist das denn, bitte? Ich habe den Namen noch nie gehört.»

«Ja, kein Wunder, dass du den Namen noch nicht gehört hast», hustete Takahara ins Telefon.

Irgendetwas stimmte nicht. Immer wenn Takahara nervös war, bekam er einen Hustenanfall. Das beunruhigte mich.

«Wir haben im Grand Hotel Fuiggi zum erstem Mal Zimmer reserviert», fuhr Takahara fort und hustete wieder. «Das eigentlich vorgesehene Hotel hat einen kleinen Fehler bei der Buchung gemacht und eine Gruppe zu viel angenommen. Wenn ihr pünktlich in Rom angekommen wärt, hättet ihr die Zimmer bekommen, aber die andere Gruppe war leider vor euch da und hat alle Zimmer belegt. Und da es nirgendwo in Rom ein Hotel mit genügend Zimmern gab, haben wir euch im Grand Hotel Fuiggi eingebucht. Es soll sehr schön sein. Ideal für Hochzeitsreisende. Das Hotel ist sehr romantisch eingerichtet und hat eine wunderschöne Lage. Ich kann immer noch nicht glauben, dass das Hotel eine solch kurzfristige Reservierung annehmen konnte. Ihr habt echtes Glück.»

«O.k.! Wo liegt das Hotel? Wo ist Fuiggi?», fragte ich ungeduldig. «Ich brauche jetzt keine weitschweifigen Erläuterungen zum Hotel. Ich möchte nur wissen, wohin wir jetzt fahren müssen.»

«Ja, ich verstehe dich vollkommen.» Wieder hustete Takahara heftig ins Telefon.

«Also ihr fahrt jetzt einfach nach Fuiggi.»

«Wo liegt denn jetzt dieses Fuiggi? Und wie lange fahren wir dorthin?»

«Die Fahrt dauert ..., äh, etwa 120 Minuten mit dem Bus.» – ein gewaltiger Hustenanfall am anderen Ende der Leitung.

«Wie bitte!!! Zwei Stunden, … jetzt?!» Ich war völlig perplex.

«Ja, euer Hotel liegt südlich von Rom in den Bergen, etwa 100 km von Rom entfernt. Und es tut mir tierisch leid, aber eure Stadtrundfahrt beginnt morgen um neun Uhr, wie geplant. Ihr habt den ganzen Tag eine Führung in Rom: Eure Stadtführerin kann euch natürlich nicht in Fuiggi abholen, also fahrt Ihr mit dem Bus nach Rom zurück. Die Stadtführerin wartet vor dem Kolosseum auf euch!»

Den letzten Teil seiner Erklärung hatte Takahara ohne Atempause durch das Telefon gehechelt, so als ob er mir keine Chance mehr geben wollte, dagegen etwas einzuwenden.

«Weißt du eigentlich wie spät es jetzt ist? Weißt du das?», rief ich entsetzt ins Telefon. «Es ist nach Mitternacht! Und wir fahren noch 120 Minuten und müssen dann noch einchecken. Um wie viel Uhr können wir dann frühestens ins Bett gehen? Hast du eine Ahnung?»

Keine Reaktion. Leichtes Husten.

«Frühestens um drei Uhr! Und morgen um neun Uhr müssen wir vor dem Kolosseum sein?! Das heißt, wir müssen spätestens um sieben Uhr das Hotel verlassen! Wenn wir davor frühstücken wollen, wann müssen wir denn dann aufstehen? Ist der Frühstückraum überhaupt vor unserer Abfahrt geöffnet? Weißt du das?» Wieder keine Reaktion. «Wir können maximal drei Stunden schlafen, auch wenn wir auf das Frühstück verzichten! Wie soll ich das meinen Kunden erklären? Die machen hier Flitterwochen!!!»

«Ich weiß ja, aber ihr habt leider keine andere Wahl», sagte Takahara mit kleinlauter, schuldbewusster Stimme. «Ihr habt den ganzen Tag Stadtführung und am Abend ist eine Canzone-Show für euch organisiert. Die Show beginnt, wie immer, um 19 Uhr. Damit ihr den Zeitplan einhalten könnt, müsst ihr unbedingt um 9 Uhr in Rom sein.»

Mir fehlten die Worte. Aber was sollten wir tun? Es schien, als hätten wir wirklich keine andere Möglichkeit, als möglichst schnell abzufahren. Als ich mich umdrehte, um Sarah ihr Handy zurückzugeben, stellte ich entsetzt fest, dass meine Reiseteilnehmer dicht hinter mir gestanden und das ganze Telefonat mitbekommen hatten. Sie sahen wie ein Häuflein Elend aus.

«Wir fahren jetzt zu unserem Hotel!»

Mit diesen Worten führte ich meine Gruppe zum Bus. Wegen der enormen Verspätung und der bevorstehenden langen Fahrt hatte zu allem Überfluss unser Busfahrer unglaublich schlechte Laune. Mürrisch schleuderte er unsere Koffer in den Bus. Mir platzte der Kragen.

«Die Schuld liegt bestimmt nicht bei uns, wir sind genauso die Leidtragenden wie Sie! Wenn Sie sich über die lange Wartezeit beschweren möchten, bitte beschweren Sie sich bei der Fluggesellschaft Ihres Landes! Und wenn Sie sich über die lange Fahrt zum Hotel beschweren möchten, dann wenden Sie sich bitte an die Organisationsfirma. Ich beschwere mich mit! Aber lassen Sie Ihren Ärger nicht an uns aus.»

Der Busfahrer brummte etwas Unverständliches auf Italienisch, aber wenigstens schichtete er unsere Koffer etwas behutsamer in den Laderaum. Kurz vor der Abfahrt flüsterte Sarah mir hinter vorgehaltener Hand zu:

«Es ist mir schrecklich unangenehm, Dir das zu sagen, aber eure Fahrt kann durchaus länger dauern als zwei Stunden. Ihr könnt nicht die Autobahn nehmen, sondern müsst über Landstraßen fahren. Alles ist nur schwach beleuchtet. Ich hoffe, dass der Fahrer euer Hotel sofort findet. Es liegt wirklich ziemlich abseits.»

Na, großartig!

Nach etwa fast zweieinhalbstündiger Fahrt durch die italienischen Berge kamen wir endlich im Hotel an. Draußen war es stockdunkel, es war fast nichts zu erkennen. Vom Parkplatz aus mussten wir durch ein kleines Wäldchen zum Hotel laufen, das wie eine Landvilla aussah. Gott sei Dank war jemand am Empfang, der sich um uns kümmerte. So rasch es ging, verteilte ich die Zimmerschlüssel und gab nur noch die wichtigsten Informationen weiter, zum Beispiel die Abfahrtszeit nach Rom. Dann verschwanden auch schon alle auf ihren Zimmern. Für mich war die Arbeit damit aber noch nicht erledigt. Ich musste noch einmal zum Bus zurück, um mit Hilfe des übellaunigen Busfahrers alle Koffer zu den Gästezimmern zu transportieren. Normalerweise gab es einen Kofferservice im Hotel. Doch um drei Uhr morgens war kein Gepäckträger mehr anwesend. Und so endete mein erster Arbeitstag endlich gegen vier Uhr.

Neunzig Minuten später klingelte der Wecker. Heiliger Himmel! Wenn ich nur weiter schlafen könnte! Im Frühstücksraum war keiner meiner Kunden zu sehen. Wie ich schon vermutet hatte, verzichteten alle auf das Frühstück, um ein paar Minuten mehr Schlaf zu bekommen. Das war nur verständlich. Ich frühstücke aber immer, fast ohne Ausnahme. Wenn ich nichts im Magen habe, komme ich nicht richtig auf Touren und kann mich nur schwer konzentrieren. Außerdem weiß man nie, ob man als Reiseleiterin Zeit zum Mittagessen findet. Ich hatte oft genug auf das Mittagessen verzichten müssen, um irgendein Problem zu lösen oder irgendwelche Informationen einzuholen. Zum Glück war der Frühstücksraum geöffnet. Obwohl es keinen Kellner gab, waren alle Tische bereits gedeckt, und ich fand am Büfett ein paar sehr harte und trockene Brötchen, die wahrscheinlich vom Vortag übrig waren. Butter und Marmelade gab es in winzigen Packungen, Getränke gar keine. Nach den vielen, noch nicht gefüllten silbernen Büfettbehältern zu urteilen, hätten wir ein bisschen später hier ein sehr üppiges Frühstück einnehmen können. Aber wir mussten ja nach Rom.

Fünf Minuten vor der geplanten Abfahrtszeit war von meinen Kunden noch niemand in Sicht. Das war ungewöhnlich. Japaner sind immer extrem pünktlich. Meistens sind sie schon zehn Minuten vor der vereinbarten Zeit am verabredeten Ort. Nach und nach trudelten die ersten in der Lobby ein. Um sieben Uhr fehlte allerdings immer noch ein Paar, die Nakamuras. Ich rief auf ihrem Zimmer an, um zu prüfen, ob sie schon zum

Empfang unterwegs waren. Ich ließ das Telefon mehr als zwanzig Mal klingeln, aber niemand hob ab. Ich vermutete, dass die beiden gerade mit dem Fahrstuhl unterwegs waren. Wir warteten weitere fünf Minuten. Keine Spur von Herrn und Frau Nakamura. Was war los? Ich probierte nochmals, sie anzurufen. Endlich wurde abgehoben, und eine kläglich klingende Frauenstimme meldete sich: «Hallo?!»

Offensichtlich hatte mein Anruf sie aus dem Schlaf gerissen.

«Ich bin Ihre Reiseleiterin. Guten Morgen! Jetzt ist es 7 Uhr 5. Wir haben gestern vereinbart, dass wir uns heute um sieben am Empfang treffen. Die anderen sind schon da. Wir warten nur noch auf Sie. Könnten Sie sich schnell anziehen und zur Lobby kommen? Wir müssen gleich nach Rom abfahren!»

Ich fühlte mich innerlich schrecklich in Hetze. Die Fahrt gestern hatte fast zweieinhalb Stunden gedauert. Es war kaum zu erwarten, dass es morgens im Berufsverkehr schneller ging. Wir durften keine Minute mehr verlieren, wenn wir auch nur einigermaßen pünktlich in Rom ankommen wollten.

«Ich habe den Weckruf nicht gehört», entschuldigte sich Frau Nakamura. «Ich war gestern sehr müde. Mein Mann schläft noch wie ein Stein. Der wird durch nichts wach! Aber ich versuche, ihn jetzt sofort zu wecken. Wir kommen in zehn Minuten nach unten. Bitte haben Sie ein bisschen Geduld! Entschuldigung! Bitte fahren Sie nicht ohne uns nach Rom!»

Natürlich konnte ich die beiden nicht an einem Ort zurück lassen, von dem ich selbst nicht einmal genau wusste, wo er war. Ich bat Frau Nakamura höflich, sich zu beeilen. Wir würden auf sie warten. Als ich zu den anderen zurückkam, fand ich auf den Sofas in der Hotellobby, von schwerer Müdigkeit übermannt, zwölf tief schlafende Japaner.

Den ersten Tag brachten wir einigermaßen über die Runden. Ich weiß nicht, wie viel meine Gäste wirklich von der Stadtrundfahrt mitbekommen haben. Immer wieder war der eine oder andere eingenickt. Um etwa 19 Uhr trafen wir im Canzone-Restaurant ein. Der Saal war, wie immer, voll japanischer Touristen. Die meisten saßen schon an ihren Tischen und hatten angefangen zu essen und zu trinken. Die Show selbst begann um 20 Uhr. Davor servierten die Kellner uns das Essen. Der Wein zum Essen war im Reisepreis inbegriffen, und man konnte so viel trinken, wie man wollte. Schnell stieg da natürlich die Stimmung.

Wir hatten einen der besten Tische, ganz vorne, fast in der Mitte des Saals. Sobald wir unsere Plätze eingenommen hatten, begann auch schon ein fröhlicher Kellner um uns herumzutänzeln und uns zu bedienen. Wie alle Italiener versuchte er, den einen oder anderen Spaß mit uns zu machen. Als Reaktion erntete er nur erschöpftes Schweigen. Meine Gäste waren zwar körperlich anwesend, aber ihr Geist schien in einer anderen Welt zu weilen. Sie mussten auf die anderen Touristen wie seelenlose Zombies wirken. Vierzehn junge Menschen auf Hochzeitsreise, aber alle saßen da wie bei einer Beerdigung.

Pünktlich um 20 Uhr begann die Show. Ein kleines Ensemble aus 3 Musikern spielte populäre Volksmusik aus Italien, genannt Canzone. Die Stimmung um uns herum wurde immer gelöster. Die Zuhörer an den anderen Tischen waren begeistert. Nur meine Gäste saßen still da – ohne jede Regung. Niemand aus meiner Gruppe trank zum Essen mehr als ein Glas Wein. Es kam keinerlei Unterhaltung in Gang. Die meisten saßen einfach nur stumm da und sahen so aus, als würden sie gleich das Bewusstsein verlieren. Die anderen Gäste im Saal dagegen waren guter Laune, prosteten sich beschwingt zu und sangen stimmgewaltig mit. An allen Tischen herrschte ausgelassene Fröhlichkeit. Unser Tisch bildete eine jammervolle Insel bleierner Müdigkeit, ein schwarzes Trauerloch inmitten von Volksfeststimmung. Tatsächlich schliefen einige meiner Kunden ein. Ihr Zustand war so Mitleid erregend, dass ich schließlich vorschlug – es war noch nicht einmal die Hälfte der Show vorbei – schon jetzt zum Hotel zurückzufahren. Wie aus der Pistole geschossen antworteten alle:

«Ja, wir wollen sofort zum Hotel! Wir können die Augen keine Minute mehr offen halten! Wir haben schon genug italienische Lieder gehört! Wirklich!»

Zum ersten Mal verließ ich eine Canzone-Show vorzeitig. Als sich alle an unserem Tisch erhoben, um den Saal zu verlassen, ernteten wir fragende, verständnislose Blicke. Wir mussten wie eine Gruppe Aliens wirken, die sich in der Veranstaltung geirrt hatte.

Ich führte meine armen Kunden zum Parkplatz. Als unser Busfahrer uns sah, machte er zum ersten Mal ein fröhliches Gesicht. Denn dass wir schon da waren, bedeutete auch für ihn eine schnellere Heimkehr. Im Bus fielen alle wie auf Kommando in tiefen Schlaf. Das war die schweigsamste und unheimlichste zweistündige Busfahrt meines Berufslebens.

Tags drauf stand Neapel auf dem Plan. Ursprünglich hätten wir wieder um sieben Uhr abfahren sollen, aber ich leierte unserem Organisationsbüro zwei zusätzliche Stunden heraus. Meine Leute brauchten endlich ein bisschen Schlaf. Das Problem an jenem Tag war, dass unser Abendessen wieder in Rom organisiert war. Das hieß: Fuiggi – Neapel – Rom – Fuiggi. Wir wären also wegen des Abendessens extra, an Fuiggi noch einmal vorbei, nach Rom gefahren. Das war kompletter Unsinn. Also bat ich Takahara, für uns eine neue Reservierung in einem Restaurant in Fuiggi zu machen. Der aber stellte sich quer. Er sagte, dass dies alles nicht so einfach zu organisieren sei. Das Restaurant in Rom würde keine kurzfristige Stornierung akzeptieren. Wenn wir unbedingt in Fuiggi zu Abend essen wollten, müssten wir dafür die Kosten selbst tragen. Dabei hustete Takahara wieder ins Telefon.

«Das finde ich eine bodenlose Forderung», brach es aus mir heraus. «Weißt du, dass wir zwischen Rom und Fuiggi schon mehrmals hin und her gefahren sind.

Eine Fahrt dauert deutlich über zwei Stunden. Wir verlieren jedes vier bis fünf Stunden. Kannst du darauf ein bisschen Rücksicht nehmen?»

«Ja ... Mmh ... Ja ...»

«Wir haben diese elende Fahrerei satt. Meine Kunden sind total erschöpft! Du hast gesagt, dass unser Hotel in Fuiggi ein sehr schönes Hotel sei und perfekt für Leute, die Flitterwochen machen. Ja, das Hotel ist sehr schön und romantisch. Aber wenn wir immer so früh das Hotel verlassen müssen, und wenn wir immer so spät ins Hotel zurückkommen, haben wir überhaupt nichts davon.»

«Ja ... Mmh ... Ja ...»

«Wir können nicht einmal das Hotelgebäude von außen richtig sehen, weil es entweder noch dunkel ist, wenn wir abfahren, oder schon wieder dunkel, wenn wir ankommen. Das Hotel ist sehr gut ausgestattet. Es hat ein Schwimmbad und sogar ein großes Fitness Studio. Der Frühstücksraum und das Restaurant sind auch sehr nett und hübsch. Alle Einrichtungen stehen den Gästen kostenlos zur Verfügung. Aber wir können nichts davon nutzen. Nichts!»

«Ja ... Mmh ... Ja ...»

«Du hast mir erzählt, auch die Lage des Hotels sei bezaubernd. Ich habe eine Broschüre des Hotels gesehen mit Bildern, die einen atemberaubenden Blick vom Hotel aus zeigen. Ich habe zu verhindern versucht, dass einer meiner Kunden sich die Borschüre genauer anschaut. Wenn sie die Fotos sehen, ist ihre Enttäuschung noch größer. Weder die Reiseteilnehmer noch ich sind dafür verantwortlich, dass wir in Fuiggi wohnen.»

«Ja ... Mmh ... Ja ...»

«Ihr habt uns einfach in ein anderes Hotel an einem völlig unbekannten, abgelegenen Ort eingebucht. Meine Reiseteilnehmer sind bis jetzt sehr nett gewesen und haben sich nicht beschwert. Das ist unser Glück. Aber es wäre ihr gutes Recht, auf einem Hotel in Rom zu bestehen. Sie könnten Schadensersatz verlangen. Bist du dir dessen eigentlich bewusst?»

«Ja ... Mmh ... Ja ...» Hust, Hust.

«Natürlich weißt du das! Du bist der Chef einer Reise-Organisationsfirma! Ich glaube nicht, dass mein Wunsch unangemessen ist, für uns ein Restaurant in Fuiggi zu buchen. Das zu verlangen, ist unser gutes Recht, finde ich.»

Am anderen Ende war es jetzt mucksmäuschenstill. Hatte ich ihn totgeredet?

«Hallo. Bist du noch da?» fragte ich.

«Ja, ja. ... Gut, dann machen wir das so. Wir reservieren ein Restaurant in Fuiggi.»

«Ein paar Getränke sollten auch noch drin sein», fügte ich an.

«O.k. Vier Flaschen Wein gehen auf unsere Kosten.»

«Einverstanden.»

Nach dem Debakel in Italien hoffte ich, dass die Organisation in Deutschland, unserem zweiten Reiseziel, besser klappen würde. Nein, ich hoffte es nicht, ich rechnete fest damit. In Deutschland lief normalerweise alles wie am Schnürchen. Heidelberg und eine Schifffahrt auf dem Rhein waren unsere wichtigsten Programmpunkte. Noch am Flughafen in Frankfurt ereilte mich jedoch eine betrübliche Nachricht. An Rhein und Neckar gab es aufgrund der Schneeschmelze und vieler Regenfälle ein dramatisches Hochwasser. In Deutschland arbeitete ich ohne lokalen Reiseleiter. Also musste ich mir möglichst schnell selbst ein Bild von der Lage verschaffen. Unser Busfahrer meinte, dass eine Stadt- und Schlossbesichtigung in Heidelberg möglich sei. Die Situation war jedoch schlimmer als ich dachte. Die Alte Brücke in Heidelberg etwa, die bei Japanern sehr bekannt ist, weil sie in vielen Reiseführern abgebildet ist, konnten wir nicht überqueren. Lediglich aus weiter Entfernung war ein kurzer Blick auf die berühmte Brücke möglich.

Glücklicherweise konnte ich meine Gruppe wenigstens durch die Hauptstraße führen. Ich zeigte ihnen einige bekannte Gebäude und Kirchen und gab ihnen ein bisschen Freizeit, um einkaufen zu gehen oder Fotos zu machen. In Rom hatten sie nicht eine einzige Minute gehabt für einen Bummel, weil unser Zeitplan zu eng war.

Um 16 Uhr, nach der Schlossbesichtigung in Heidelberg, machten wir uns auf den Weg nach Rüdesheim am Rhein. Laut Organisationsbüro war die Hochwasserlage dort noch kritischer als in Heidelberg. Niemand wusste, ob unsere Schifffahrt am nächsten Tag stattfinden konnte. In Rüdesheim besichtigen wir im Grunde nur eine kleine, schmale Straße, die Drosselgasse. Sie ist etwa 2 Meter breit und 100 Meter lang. Am Abend ist die Gasse sehr belebt, eine Weinstube neben der anderen und überall spielen Musiker. Tagsüber dagegen macht die Drosselgasse einen eher langweiligen Eindruck, und es fallen einem nur ein paar Andenkenläden auf. Ich kann diesem kleinen Sträßchen nicht viel abgewinnen. Während der Fahrt nach Rüdesheim wünschte ich mir aus tiefstem Herzen, dass der Wasserspiegel des Rheins bis zum nächsten Morgen fallen würde. Ich hatte keine Idee, was wir stattdessen unternehmen konnten. Von unserem Hotel aus hatten wir einen wunderbaren Blick auf den Rhein. Er war viel breiter und mächtiger als der Neckar, deswegen konnten wir noch deutlicher erkennen, wie schlimm die Überschwemmungen waren.

«Glauben Sie, dass wir morgen mit dem Schiff fahren können?», fragte mich eine Kundin besorgt.

«Ich weiß es noch nicht, aber ich hoffe es sehr», antwortete ich.

Am nächsten Tag um 8 Uhr 45, 15 Minuten vor der geplanten Abfahrt, waren wir an der Schiffsanlegestelle. Das Wasser war schlammig und trüb, und der Wasserpegel war nicht zurückgegangen. Im Gegenteil: Wegen des anhaltenden Regens war der Wasserstand weiter angestiegen. Während wir traurig am Flussufer standen, schüttete es wie aus Kübeln. Die Schiffe fuhren nicht. Meinen Kunden und den anderen Touristengruppen, übrigens alles Japaner, stand die Enttäuschung ins Gesicht geschrieben. Manche riefen laut.

«Bitte setzt die Schiffe in Betrieb! Wir fliegen eigens hierher, um mit dem Schiff auf dem Rhein zu fahren! Wir möchten die Burgen am Rhein sehen! Die Schiffe sind doch groß genug, sie können nicht sinken!»

Doch all ihr Rufen und Flehen half nichts. Die Schiffe wurden nicht in Betrieb genommen. Es war zu gefährlich. Nach kurzer Überlegung entschied ich, die geplante Route per Bus am Rheinufer entlangzufahren. Unterwegs konnten wir in ein paar malerischen Ortschaften Halt machen, die sonst nicht besichtigt wurden – gewissermaßen als kleine Wiedergutmachung.

Zuerst fuhren wir nach Kaub. In dieser Stadt liegt das Schloss Gutenfels. Ich war einmal privat als Tourist dort gewesen und kannte mich im Schloss aus. Dort gibt es ein kleines Restaurant und ein hübsches Café. Wir brauchten zwar kein Essen, aber wir konnten vielleicht eine nette Kaffeepause einlegen, so dachte ich. Also zum Schloss Gutenfels.

Obwohl schwerer Regen uns an einer klaren Sicht hinderte, konnten wir unterwegs den Pfalzgrafenstein, der auf einer Sandbank im Rhein liegt, ganz aus der Nähe betrachten. Diese Burg diente früher als Zollhaus. Später wurde sie als Gefängnis genutzt. Im Café von Schloss Gutenfels genehmigten wir uns dann ein Stück Kuchen und eine Tasse Kaffee. Ich bestellte meinen Lieblingskuchen, Schwarzwälder Kirschtorte.

Dann fuhren wir weiter zur Loreley. Die Loreley ist ein 130 Meter hohes Felsmassiv. Der Sage nach war Loreley eine Fee, die so schön sang, dass die Schiffer den Blick nicht mehr von ihr wenden konnten und mit ihren Schiffen kenterten. Von der Loreley aus hat man einen wunderschönen Blick über den Rhein. Ich erzählte meiner Gruppe, dass japanische Touristen nur sehr selten die Möglichkeit hätten, die Aussicht auf den Rhein von diesem Punkt aus zu genießen. Bei dieser Bemerkung blickte ich endlich einmal für einen Moment in zufriedene Gesichter. Wir machten uns schließlich auf zum Endpunkt der Rheintour: St. Goarshausen. Dort wollten wir zu Mittag essen. Das Problem dabei war, dass das Restaurant direkt am Rheinufer lag. Ich rief also an, um mich zu vergewissern, dass es geöffnet hatte.

«Ja, unser Restaurant hat geöffnet. Sie können ruhig kommen», sagte der Mann am Telefon. Wenigstens das klappte.

Doch ich hatte mich zu früh gefreut. Als wir beim Restaurant ankamen, stellten wir fest, dass der Eingang völlig unter Wasser stand. Wie sollten wir hineinkommen? Ratlos blickte ich mich um und bemerkte den Restaurantchef, der uns aus einem Fenster des Gebäudes zuwinkte. Er gab uns zu verstehen, dass wir uns hinter das Haus begeben sollten. Dort war eine Art kleine Anhöhe. Und dann wurde mir klar, was der Gastwirt vorhatte. Er schob aus einem Fenster des ersten Stocks ein solides, breites Brett bis es zum Liegen kam. Offensichtlich sollten wir über das Brett durch das Fenster ins Restaurant klettern. Noch nie hatte ich auf so abenteuerliche Weise ein Restaurant betreten. Die Gäste meiner Reisegruppe hatten aber viel Spaß dabei. Sie waren ja Gott sei Dank alle jung. Mit älteren Kunden wäre diese Aktion unmöglich gewesen. Am Fenster stand ein Kellner, der uns ins Gebäude half. Das größte Problem hatte unser Busfahrer, er war ziemlich beleibt und nicht mehr der jüngste. Er kroch das Brett Zentimeter für Zentimeter auf dem Bauch robbend hinauf, es bog sich gefährlich durch. Nur mit vereinten Kräften konnten wir ihn durch das Fenster zerren. Der Schweiß lief ihm vor Anstrengung von der Stirn. Das Essen schmeckte uns daraufhin doppelt gut.

Als wir wieder im Bus saßen, sahen meine Gäste schon ein bisschen glücklicher aus als noch am Morgen. Darüber war ich sehr froh. Weiter ging es nach Rothenburg und Schwangau. Dort lief alles problemlos. Die Reise fing an, uns Vergnügen zu bereiten. Wir wussten ja nicht, dass uns die größte Katastrophe noch bevorstand. Und das ausgerechnet in der Schweiz.

Interlaken ist stets einer unserer Stützpunkte für die Fahrt zum Jungfraujoch, einer der Höhepunkte unserer Reise. Gegen 19 Uhr trafen wir im Hotel ein. Es war noch hell, und wir konnten schon während der Busfahrt den Anblick der großartigen Bergkulisse genießen. Meine Kunden strahlten. Es war meine sechsunddreißigste Fahrt zum Jungfraujoch und noch nie hatte ich schlechtes Wetter gehabt. Ich wünschte mir innig, auch dieses Mal wieder Glück zu haben. Meine Gäste hatten es nach all den Strapazen und unglücklichen Ereignissen verdient. Im Hotel erfuhren wir, dass wir die einzigen Gäste waren. Alle Teilnehmer aus meiner Reisegruppe bekamen Zimmer mit Bergblick. Das verdoppelte unsere Freude.

«Vielleicht schenkt uns der liebe Gott dieses Glück als Ausgleich! Das ist doch ein guter Anfang in der Schweiz!», dachte ich.

Wir gingen früh zu Bett, weil wir am nächsten Tag den ersten Zug erwischen mussten.

Irgendetwas weckte mich. Ein fernes Rufen. Eine Stimme. War es im Traum? Weit entfernt und gedämpft, Worte wie in Watte gehüllt. Immer wieder dieselben Worte. Was sagen diese Stimmen? Rufen sie mich? Nein, sie … Ich sprang auf, plötzlich hellwach. Jetzt hörte ich das Rufen von draußen ganz deutlich.

«Feuer, Feuer! Es brennt! Feuer, Feuer!»

Gleichzeitig fiel mir auf, dass mein Zimmer in orangefarbenes Licht getaucht war. Ich lief zum Fenster und riss die Vorhänge auf. Das orangefarbene Licht war überall. Auch draußen. Wieder die Stimme.

«Es brennt!»

Es war eine Frau. Da erst realisierte ich, dass unser Hotel in Flammen stand. Ich musste raus. Wir mussten raus. Also zur Tür und auf den Gang. Meine Beine zitterten so stark, dass ich gar nicht richtig laufen konnte. Aber ich musste laufen und etwas unternehmen. Ich musste meine Kunden wecken. Sie konnten ja nicht verstehen, was die Frauenstimme rief. Und sicherlich schliefen alle wie ein Stein. Ich musste zu ihnen. Ihre Zimmer lagen alle ein Stockwerk über dem meinen. Der ganze Korridor war in Rauch gehüllt und ein seltsamer, beißender und unangenehmer Geruch stieg mir in die

Nase. Nur mit Mühe konnte ich meine Augen offen halten. Ich kroch auf allen Vieren den Korridor entlang, um keine giftige Luft einzuatmen. (Wie gelassen ich war!) Als ich das Treppenhaus erreichte und nach oben gehen wollte, wurde ich unsanft nach hinten gerissen. Ein Feuerwehrmann brüllte mich an: «Was machen Sie denn da? Sie müssen sofort das Hotel verlassen. Sie können nicht hinauf, bitte gehen Sie hinunter! Schnell! Wir haben die Situation unter Kontrolle. Bewahren Sie Ruhe!»

Der Feuerwehrmann hielt einen dicken Schlauch im Arm, hinter ihm sah ich seine Kollegen die Treppe herauflaufen.

«Ich muss meine Reisegruppe vor dem Feuer retten. Ich bin die Reiseleiterin. Ich bin für sie verantwortlich! Lassen Sie mich bitte durch!», rief ich verzweifelt.

«Nein, Sie müssen jetzt sofort das Hotel verlassen.»

«Aber was wird aus meinen Kunden?»

«Überlassen Sie das uns. Das ist unsere Aufgabe!»

Und ein Feuerwehrkollege sagte von der Seite: «Wir sind Profis. Verlassen Sie sich auf uns. Wir holen Ihre Leute da raus.»

Die Feuerwehrleute hatten natürlich recht. Trotzdem musste ich doch irgendwas tun. Ich war völlig verwirrt und lief die Treppe hinab zum Empfang, der leer und ausgestorben war. Niemand war zu sehen. In fast allen Hotels in Interlaken ist der Empfang in der Nacht nicht besetzt. Das wusste ich. Auf der Theke stand ein Schild mit einer Telefonnummer für Notfälle. Aber was hätte das jetzt genutzt? Falls ich jemanden telefonisch erreicht hätte, wie hätte der uns helfen können? Ich nahm den Telefonhörer in die Hand, um meine Gäste anzurufen. Aber ich wusste ihre Zimmernummern nicht auswendig, denn ich hatte alles stehen und liegen lassen, als ich aus meinem Zimmer gerannt war. Aufgeregt wählte ich aufs Geratewohl irgendwelche Nummern, die mit einer 3 begangen. Denn die Zimmer meiner Kunden lagen im dritten Stock des Hotels. Kein Glück!

Das Telefon war tot! Ich war verzweifelt. Im oberen Stockwerk hörte ich die Rufe der Feuerwehrleute, die meine Kunden zu wecken versuchten. Aber niemand tauchte auf. Niemand schien darauf zu reagieren. Kein Wunder. Keiner von ihnen verstand Deutsch, die Warnrufe verfehlten ihre Wirkung. Wahrscheinlich machte ihnen das laute Rufen, sofern sie es überhaupt hörten, nur Angst, so dass sie nicht wagten, die Zimmertür zu öffnen, und sich ganz still verhielten. Panik packte mich. Ich lief wieder hinauf. Aber ein Feuerwehrmann verstellte mir erneut den Weg. Ich wollte an ihm vorbeilaufen, aber er hielt mich mit kräftigen Händen fest. Es war sinnlos. Wütend schrie er mich an.

«Sie müssen raus! Raus!»

Das war das Stichwort. Raus. Vielleicht konnte ich ja von draußen meine Kunden auf die Gefahr aufmerksam machen. Ich lief, so schnell wie ich konnte, wieder die Treppe hinunter. Auf der untersten Stufe verlor ich die Balance und knallte der Länge nach hin. Ich rappelte mich wieder auf und stürmte zur Eingangstür. Mein Ellenbogen war aufgeschlagen und blutete. Mit Entsetzen stellte ich fest, dass die Eingangstür verschlossen war. Zu! Wir waren im Hotel eingeschlossen. Ich drückte mit aller Kraft gegen die Tür, aber sie ging nicht auf. Zu! Vor Anspannung fast wahnsinnig trat und stieß ich gegen die schwere Eingangstür. Ich weiß bis heute nicht, wie ich da raus kam. Woran ich mich nur erinnern kann, sind die Glassplitter, die überall herum lagen und meinen ganzen Körper bedeckten. Aber ich war endlich draußen.

Aus vollem Hals schrie ich auf Japanisch:

«Es brennt! Feuer! Feuer! Wenn ihr mich hört, bitte kommt aus den Zimmern raus! Lasst bitte alle Sachen liegen. Kommt bitte sofort raus!»

Ich wünschte mir inbrünstig, dass meine Kunden mein Rufen hörten. Meine Stimme hallte als Echo von den umliegenden Bergen zurück. Doch noch immer kam niemand heraus. Hastig lief ich zum Empfang zurück, griff mir die Äpfel, die auf der Theke in einem Korb lagen und die mir schon bei der Ankunft aufgefallen waren, und rannte wieder nach draußen. Ich wollte die Äpfel gegen die Fenster werfen. Aber es war nicht ganz einfach, die Zimmer meiner Kunden richtig zu lokalisieren. Die Balkons lagen waagrecht in Zehnerreihen nebeneinander, senkrecht in Viererreihen übereinander. Ich wusste mir nicht anders zu helfen, als blindlings die Äpfel gegen die Fenster zu werfen. Ich hörte endlich Glas splittern. Wurf um Wurf traf ich besser. Der Schweiß lief über mein Gesicht. Bald gingen mir die Äpfel aus. Ich nahm, was ich finden konnte, und warf wild weiter. Ich weiß heute nicht mehr genau, was ich alles gegen die Fenster schleuderte.

Als meine Kunden endlich bemerkt hatten, was los war, und die meisten aus eigener Kraft ins Freie kamen, hatte ich meine Stimme verloren. Als endlich die letzten Kunden von einem Feuerwehrmann aus dem Hotel begleitet wurden, war ich so erleichtert, dass ich in Ohnmacht fiel.

Ein Feuerwehrmann goss schonungslos Wasser in mein Gesicht.

«Hallo! Wachen Sie auf! Meine Kollegen und ich haben alle gerettet. Niemand ist ernsthaft verletzt. Sie haben nur ein paar Platz- und Schürfwunden.»

Ich wollte mich bei ihm dafür bedanken, aber meine Stimme versagte. Er hob seine Hand leicht, um mir zu signalisieren, dass er mich verstanden hatte. Immer noch am Boden liegend, sah ich vierzehn Augenpaare, die besorgt auf mich herabblickten. Meine Reisegruppe. Sie standen alle unversehrt um mich herum. Da ließ ich meinen Tränen freien Lauf.

Es dämmerte langsam, und der Tag brach an. Das Feuer war gelöscht, die Feuerwehr abgerückt. Mehrere Polizeiautos trafen ein. Ich rief unseren Busfahrer an, der in einem anderen, preisgünstigeren Hotel übernachtet hatte. Ich bat ihn, so schnell wie möglich mit dem Bus zu uns zu kommen. Wir waren alle noch im Pyjama und mehr oder weniger nass, weil die meisten von uns Löschwasser abbekommen hatten. Wir brauchten unbedingt den Bus als Zufluchtsort.

Gegen 6 Uhr 30 kam unser Bus. Meine Beine zitterten wieder so stark, dass ich Mühe hatte, die wenigen Stufen in den Bus zu erklimmen. Beinahe wäre ich rückwärts wieder hinausgefallen. Völlig entkräftet ließ ich mich in einen Sitz sinken. Ein paar Minuten später kam ein Polizist, um meine Aussage aufzunehmen. Ich stand noch so unter Schock, dass es etwas dauerte, bis ich meine Gedanken geordnet hatte und berichten konnte, was vorgefallen war.

Wir wussten noch nicht, was mit unseren Sachen geschehen war, die wir im Hotel zurücklassen mussten. Waren sie verbrannt, waren sie noch in Ordnung? Frühestens in ein paar Stunden würden wir ins Gebäude zurückdürfen. Also beratschlagten wir, was wir tun sollten.

«Wir fahren natürlich in die Berge wie geplant! Kein Thema!»

Ein Feuer wird uns an der Fahrt in die Berge nicht hindern! Das war die einhellige Meinung in unserer Gruppe. Also auf zum Jungfraujoch! Das einzige Problem: Wir trugen immer noch Pyjamas oder Trainingsanzüge. Unser Busfahrer kannte jedoch ein Bekleidungsgeschäft, das schon früh geöffnet hatte. Dort versorgten wir uns mit Jacken, Überziehhosen und T-Shirts und los ging die Fahrt.

In unserem Zug zum Jungfraujoch saßen schon viele andere japanische Touristen. Offensichtlich hatte sich die Sache mit dem Feuer in Windeseile herumgesprochen, denn wir wurden mit neugierigen oder tröstenden

Blicken bedacht. Es war schnell klar, dass wir die Reisegruppe mit dem Hotelbrand sein mussten. Bald fingen die ersten an, uns nach den Ereignissen in der Nacht zu fragen. Schnell bildeten sich mehrere Grüppchen, meine Kunden immer mitten drin, über das Feuer berichtend. In einer Ecke des Waggons war lautes Gelächter zu hören. Mehrere Leute sahen zu mir herüber und lachten noch lauter. Dann konzentrierten sie sich wieder auf irgendetwas in ihrer Mitte. Worüber lachen die denn? Lachen die etwa über mich? Immer mehr Leute schlossen sich der Gruppe in der Ecke an und blickten, statt auf die Berge draußen, auf irgendetwas, das offensichtlich ihre ganze Aufmerksamkeit beanspruchte. Ich ging hinüber und sah, was alles so belustigte.

Jemand hielt eine Videokamera, und auf dem kleinen Bildschirm lief ein Film ab. Der Film zeigte mich, wie ich wild hin und her lief und wie irre verschiedene Dinge warf und verzweifelt unverständliches Zeug schrie. Unglaublich, einer meiner Kunden hatte mich während meiner Verzweiflungstat in aller Seelenruhe gefilmt. Zu allem Überfluss zeigte der Film mich in meinem orangefarbenen T-Shirt mit der Aufschrift «I am a crazy girl», das ich als Pyjama getragen hatte. Das Ganze war mir so peinlich, dass ich am liebsten im Erdboden versunken wäre. Doch plötzlich sagte ein alter Mann aus dem Hintergrund:

«Was gibt es daran zu lachen? Gibt es überhaupt etwas, worüber wir jetzt lachen sollten? Was diese Reiseleiterin getan hat, ist eine Heldentat. Nur, um ihre Kunden zu retten, nicht wahr? Das ist kein Spielfilm, das ist die Wirklichkeit, die sie und ihre Gruppe heute früh erlebt haben. Darüber sollten wir nicht lachen!»

Nach seiner kurzen Rede herrschte mehrere Sekunde lang totale Stille in unserem Zugabteil, dann spendeten mir alle spontan Beifall. Und niemand lachte mehr über meine verrückte Rettungsaktion.

Die Geschichte war schnell Stadtgespräch. Wo immer wir auftauchten, wurden wir mit Beifall bedacht und mit Fragen bombardiert. Am Reisebusparklatz bildete sich um unseren Bus eine große Menschentraube, als ob wir Pop-Stars wären.

Am Nachmittag konnten wir im Hotel unsere Habseligkeiten abholen. Der Brand hatte etwa ein Drittel des Hotels zerstört. Von außen war gar nicht so viel zu erkennen. Es fiel lediglich auf, dass alle Fensterscheiben zerbrochen waren. Wie durch ein Wunder waren die persönlichen Gegenstände meiner Kunden im Großen und Ganzen unbeschädigt geblieben. Sie hatten sich lediglich voll Löschwasser gesaugt.

Als ich mein Zimmer betrat, waren die Schuhe das erste, was mir auffiel. Der eine Schuh lag mit der Sohle nach oben, der andere auf der Seite. Beide waren total verkohlt. Es war, als ob ein paar Einbrecher in meinem Zimmer herumgestöbert hätten. Alle Sachen lagen wie Kraut und Rüben durcheinander. Meine Kleider, die ich im Schrank aufgehängt hatte, befanden sich noch dort, aber auch sie waren verkohlt. Mein Koffer, der in einer Ecke des Zimmers offen geblieben war, stand voll Wasser.

Wir hatten an jenem Tag einen langen Weg nach Genf vor uns. Deswegen packten wir so schnell wie möglich die verbliebenen Sachen und machten uns auf den Weg. Zuvor hatte ich noch Gelegenheit mit dem Hotelmanager zu sprechen. Er war voller Zorn und Ärger auf mich zugekommen.

«Sie haben der Polizei gesagt, die Sprinkleranlage sei nicht losgegangen. Aber Sie waren wahrscheinlich so in Panik, dass Sie das gar nicht mitbekommen haben», sagte er in vorwurfsvollem Ton. Ich hatte eigentlich eine Entschuldigung von ihm erwartet und nicht das.

«Nein, die Anlage wurde wirklich nicht ausgelöst. Sie können gern meine Kunden fragen, wenn Sie möchten.»

«Bitte, wenn die Versicherung oder die Polizei Ihnen noch mal Fragen stellt, wäre es schön, wenn Sie das verschweigen könnten. Dafür kriegen Sie alles, was Sie wollen. Und wir werden uns nicht bei Ihrer Firma darüber beschweren, dass Sie alle Fenster kaputt gemacht haben, obwohl das nicht nötig gewesen wäre. Das ist für Sie doch auch von Vorteil, nicht wahr?»

Jetzt verstand ich, worauf er hinaus wollte. Nein, darauf würde ich nicht eingehen. Ich verabschiedete mich knapp und verließ mit meiner Gruppe das Hotel. Einige Wochen später bekam meine Firma eine dicke Rechnung des Hotels über den Ersatz von dreißig Fensterscheiben. Das war eine bodenlose Unverschämtheit. Schließlich traf man sich in diesem Fall vor Gericht. Das Hotel verlor. Unsere Firma hat nie wieder Zimmer dort gebucht.

Nach den schrecklichen Ereignissen in Interlaken hoffte und betete ich, dass unsere Reise in Paris friedlich ausklingen würde. Das Maß an Unglück musste doch nun endgültig voll sein. Doch wenn einem einmal das Pech an den Händen klebt, kriegt man es nicht wieder los. Am Abend vor unserer Abfahrt nach Paris erhielt ich die nächste Hiobsbotschaft.

«Es gibt leider ab morgen einen Generalstreik in Paris, und zwar die nächsten drei Tage. Also während eures gesamten Aufenthalts», sagte Herr Aoyama, der Leiter des Pariser Organisationsbüros.

«Wie bitte?»

Die ganze Welt schien sich gegen uns verschworen zu haben.

«Es tut mir sehr leid. Aber der Streik wurde öffentlich angekündigt. Ich glaube, wir müssen unseren Plan gänzlich umarbeiten. Kein öffentliches Verkehrsmittel geht, und fast alle Museen sind geschlossen.»

Das bedeutete: kein Louvre, kein Musée d'Orsay. Ich war den Tränen nahe.

«Und Versailles?»

«Das müsst Ihr Euch auch abschminken.»

Wie konnte ich diese Nachricht meinen Kunden mitteilen?! Sie schienen mir die bedauernswertesten Geschöpfe dieser Welt.

Am nächsten Tag, kurz bevor wir in Paris ankamen, nahm ich mein Herz in die Hand und gab die unheilvolle Nachricht an meine Kunden weiter. In meinem ganzen Leben sah ich nie wieder so enttäuschte Gesichter. Es war, als stünde das Ende der Welt bevor, und das einzige, was wir tun konnten, war, in völliger Apathie darauf zu warten.

Nur aus Neugier fuhren wir am Louvre vorbei. Wir erwarteten kein Wunder. Aber wer weiß? Am Eingang des Museums gab es eine aufgebrachte Menschenmenge. Alle schimpften über diese Ungerechtigkeit in allen nur möglichen Sprachen. Zwei Touristen kriegten sich mit einem der französischen Museumswärter, die am Eingang postiert waren, in die Haare. Sie fingen an, sich zu prügeln. Bevor das Ganze weiter eskalieren konnte, verließen wir lieber den Schauplatz.

«Unsere Reise ist offenbar zu diesem Schicksal verdammt. Es hätte aber noch schlimmer kommen können. Wir müssen jetzt der Situation die Stirn bieten und uns mit ihr arrangieren. Wir dürfen uns unsere Hochzeitreise nicht von diesem Streik verderben zu lassen. Lasst uns das Beste daraus machen.»

Diese Worte aus dem Munde einer jungen Frau aus unserer Gruppe gaben uns allen einen Ruck. Sie hatte absolut Recht. Wir konnten die Situation nicht ändern, wir mussten sie akzeptieren und sie zu unserem Besten wenden. Zusammen mit unserem französischen Stadtführer schmiedeten wir einen neuen Plan.

Das Musée Marmottan war das einzige Museum in der Nähe von Paris, das geöffnet hatte. Ich kannte das Museum nicht. Zu meiner Schande muss ich sogar gestehen, dass ich den Namen noch nie zuvor gehört hatte. Laut unserem Stadtführer konnte man dort impressionistische Gemälde besichtigen. Auch viele Werke von

Monet, einem bei Japanern sehr beliebten Künstler, sind dort ausgestellt. Was soll ich sagen? Das Museum war absolut einen Besuch wert. Das Gebäude war nicht so groß wie der Louvre, aber es war sehr schön eingerichtet, und entgegen unserer Erwartung waren nur wenige Touristen dort. Die meisten hatten vermutlich ihre ganze Kraft dafür aufgeboten, über die bodenlose Ungerechtigkeit zu klagen, die ihnen durch den Streik widerfahren war. Und so gab es im Marmottan kein Gedränge wie im Louvre, und wir konnten alle Bilder aus nächster Nähe in Ruhe betrachten. Das versöhnte uns wieder ein bisschen mit unserem Schicksal. Zu unserem Glück – ja, wir hatten wirklich Glück – war unser Stadtführer ein Experte für impressionistische Malerei und konnte uns viel zu den einzelnen Werken erklären.

Ein großer Wunsch aller Paare ist es, auf den Eiffelturm zu fahren und Paris von oben zu sehen. Doch vor dem Eiffelturm hatte sich eine so lange Schlange gebildet, dass es drei Stunden gedauert hätte, bis wir nach oben gekommen wären.

«Schade, ich hätte Paris so gern von oben gesehen», sagte eine Teilnehmerin.

«Ich auch», stimmten die anderen mit ein.

«Dann kommen Sie bitte mit», forderte ich alle auf.

Wir gingen schnurstracks zum Kaufhaus Samaritaine, das es damals noch gab. Alle wunderten sich, dass wir ein Kaufhaus besuchten. Niemand wusste, dass es auf dem Dach des Kaufhauses einen wunderbaren Aussichtspunkt gab, der einen herrlichen Blick über die Dächer von Paris gewährte. Und das auch noch kostenlos und ohne Wartezeit! Meine Kunden waren begeistert. Danach war Einkaufen angesagt. Natürlich zu Fuß. Man sagt: Paris ist für Frauen der Himmel, für Männer die Hölle. Und bei frisch verheirateten Paaren ist der Ehemann zudem verpflichtet, seiner Angetrauten ein schönes – und natürlich teures – Geschenk zu kaufen. Unser Hotel lag glücklicherweise mitten in Paris, das erleichterte unsere Fußmärsche durch die Stadt. Da hatten wir es besser getroffen als andere Reisegruppen, die außerhalb von Paris untergebracht waren. Und im Grunde hatte es noch einen Vorteil: Eine Stadt lernt man erst richtig kennen, wenn man sie sich zu Fuß erschließt.

Am letzten Abend organisierte ich eine Schifffahrt auf der Seine. Langsam zog unser kleines Schiff am gigantischen Louvre und am Musée d´Orsay vorbei. Die beiden Museen lagen friedlich in warmes Licht getaucht, und wir genossen den Anblick. Jemand sagte:

«Wir waren wirklich in Paris! Obwohl wir weder die berühmten Museen besuchen konnten, noch Schloss Versailles, haben wir den Aufenthalt in Paris sehr genossen.»

Ich öffnete eine Flasche Champagner. Mit Pappbechern stießen wir auf unser Wohl an und ließen den Augenblick auf uns wirken.

Diese Reise liegt schon viele Jahre zurück. Meine Kunden haben jedoch noch immer intensiven Kontakt miteinander. Leidvolle Erfahrungen schweißen Menschen besonders eng zusammen.

Millionär auf Brautschau

Es war Juni, in Japan hatte schon die Regenzeit begonnen, als ich mit einer Gruppe nach Italien flog. Vier Städte standen auf unserem Reiseprogramm: Mailand, Venedig, Florenz und Rom. In jeder Stadt war lediglich eine halbtägige Stadtrundfahrt geplant. Den Rest der Zeit hatten die Kunden zur freien Verfügung. Das war ein sehr großzügig bemessener Zeitplan für eine japanische Reisegruppe. Meine offizielle Arbeitszeit war somit ziemlich kurz und der Freiraum sehr groß. Nicht umsonst war diese Reise unter uns Kolleginnen sehr beliebt.

Meine Reisegruppe war klein: sieben Personen, alle über 50; zwei Ehepaare, zwei Frauen aus Osaka, Frau Mori und Frau Nakamura, und ein allein reisender Mann, Herr Tanaka. Die Gäste hatten sich schnell miteinander bekannt gemacht, und von Anfang an herrschte eine gute Stimmung in der Gruppe. Dass sie fast alle im gleichen Alter waren, trug positiv dazu bei. Die beiden Frauen aus Osaka waren sehr lustig und äußerst kommunikativ. Mir war rasch klar, dass sie auf der Reise den Ton angeben würden. Besonders mit Herrn Tanaka hatten Frau Mori und Frau Nakamura rasch freundschaftliche Bande geknüpft. Schon im Flieger hatte Herr Tanaka neben den beiden Damen gesessen und sich sehr angeregt mit ihnen unterhalten – ganze zwölf Flugstunden lang.

Es war ein göttlicher Tag in Mailand. Die Sonne schien friedlich, am Himmel kein einziges Wölkchen, das Grün war frisch, und es blühte überall. Vor dem Castello Sforzesco stiegen wir aus dem Bus. Am Brunnen vor dem Castello konnte man die gewaltige Backsteinfestung wunderbar fotografieren. Die erste Gelegenheit für ein Foto. Wie immer bekam ich von allen Kunden die Kameras, damit ich Fotos von ihnen schießen konnte. Jeweils ein Foto für die beiden Ehepaare. Dann Frau Mori und Frau Nakamura, die besonders übertriebene Posen einnahmen, was alle anderen Touristen, die sich um den Brunnen gruppiert hatten, herzhaft zum Lachen brachte. Am Ende musste natürlich auch von Herrn Tanaka ein Foto gemacht werden. Ich wollte ihm seine Kamera abnehmen, um ihn zu fotografieren, aber er hielt sie nicht mir, sondern Frau Mori entgegen. Dann forderte er mich auf, mich für ein gemeinsames Foto neben ihn zu stellen. Warum nicht? Es war nichts Merkwürdiges an diesem Wunsch. Ich wurde im Laufe von Reisen oft von Kunden gebeten, mit mir ein Foto machen zu dürfen. Das Bild landete dann vermutlich auf Seite eins eines Fotoalbums mit dem Satz: «Unsere Reiseleiterin auf der Reise nach soundso.» Das machte die Erinnerung an die Reise komplett.

Normalerweise tue ich das gern für meine Kunden. Aber das Fotografieren mit Herrn Tanaka irritierte mich. Denn als ich mich neben ihn stellte und wir uns für das Foto postierten, legte er entschlossen seine Hand um meine Taille, als wären wir ein Paar. Ich zuckte zurück, was er bemerkte, und so wanderte seine Hand auf meine Schulter, wo sie mit ihrem ganzen Gewicht ziemlich unbequem lag.

Mit unglaublich lauter Stimme forderte er Frau Mori auf zu fotografieren.

«O.k., wir sind bereit. Bitte machen Sie jetzt ein Foto von uns!»

Ich hatte das Gefühl, wir stünden im Mittelpunkt der Aufmerksamkeit aller Touristen um uns herum. Jedenfalls zogen wir alle Blicke auf uns. Am liebsten wäre ich im Erdboden versunken. Vor Scham lief mein Gesicht rot an.

«Das ist mir ein bisschen zu vertraulich. Was denken Sie sich eigentlich? Legen Sie ihre Hand bitte woandershin!»

Das oder Ähnliches hätte ich sagen sollen. Aber als Reiseleiterin durfte ich nicht unhöflich sein, und so schwieg ich und verkniff mir einen Kommentar. Während Herr Tanaka mit seinem runden, pausbäckigen Gesicht zufrieden strahlte, gefror mir das Lächeln.

Nach der obligatorischen Stadtrundfahrt durch Mailand bekamen die Gäste Zeit zur freien Verfügung. Alle hatten einen festen Plan, und so trafen wir uns erst am Abend wieder, um gemeinsam zu essen. Am Nachmittag hatte ich also frei und den kleinen Zwischenfall mit Herrn Tanaka fast schon vergessen.

Pünktlich um 19.30 Uhr trafen meine Gäste ein. Ich schlug ein Restaurant vor, das ich gut kannte. Ich spreche zwar kein Italienisch und mit den Kellnern kann ich daher auch nicht optimal kommunizieren, aber ich wusste, welche Speisen man dort servierte. Zumindest die konnte ich auf Italienisch bestellen. Zu unserer großen Überraschung stellte sich heraus, dass Herr Tanaka ziemlich gut Italienisch sprach. Er übernahm alle Bestellungen und setzte sich im Restaurant mit seinen Italienisch-Kenntnissen groß in Szene.

Ich hoffte nur, ihn auf dieser Reise nicht allzu häufig um Hilfe bitten zu müssen. Warum war ich bloß mit meinem Italienisch-Kurs nicht bei der Stange geblieben!? Vor etwa einem Jahr hatte ich angefangen, etwas Italienisch zu lernen, weil ich damals sehr oft nach Italien geschickt worden war. Nach sechs Monaten stellte ich jedoch fest, dass mir die Sprache keinen rechten Spaß machte, und so gab ich den Kurs wieder auf. Jetzt ärgerte ich mich darüber, und ich hoffte, dass ich in keine Situation geraten würde, in der ich Herrn Tanakas Unterstützung nötig hatte. Es ist immer ziemlich peinlich, wenn man die Hilfe von Kunden beanspruchen muss.

Wie immer beim ersten gemeinsamen Abendessen stellten sich die Reiseteilnehmer gegenseitig ausführlicher vor und erzählten, warum sie gerade an dieser Reise teilnahmen. Herr Takayama hatte einen zweiwöchigen

Urlaub geschenkt bekommen, weil er über 30 Jahre in seiner Firma gearbeitet hatte. Er wollte schon immer nach Europa reisen, hatte aber nie die Gelegenheit dazu gehabt, da er maximal drei Tage Urlaub hatte nehmen können. Das war natürlich viel zu kurz für eine Reise nach Europa. Seine Frau dagegen hatte zusammen mit ihren Freundinnen schon sehr oft Reisen unternommen. Und da ihr Italien am besten gefiel, hatten sich die Takayamas für diese Reise entschieden. Herr und Frau Sato berichteten, dass sie von Italien ganz begeistert seien und deshalb sehr oft hierher reisten. Herr Sato war schon relativ früh in Pension gegangen, weil er von seinem Vater mehrere Grundstücke geerbt hatte, was ihn finanziell unabhängig machte.

Frau Mori und Frau Nakamura stellten sich als Schwestern heraus, sie waren gar keine Freundinnen, wie ich anfänglich vermutet hatte. Frau Mori, die ältere der beiden, war lange verheiratet und hatte eine Tochter. Die jüngere Schwester war geschieden und lebte gegenwärtig mit ihrem Freund zusammen, den sie bald zu heiraten plante. Sie war sehr schmächtig und so mager, als würde ihr Körper jegliche Nahrungsaufnahme verweigern. Trotzdem war sie genauso dynamisch wie ihre Schwester – und genauso laut. Sie erzählten, dass sie oft zu zweit reisten, weil ihre Partner keine Zeit dazu hätten. Auch sie waren bereits zweimal in Italien gewesen. In völliger Offenheit und ohne jegliche Scheu bekannte Frau Nakamura:

«Wir reisen so gern nach Italien, weil es hier so viele schöne Männer gibt. Unsere Partner sind leider deutlich hässlicher als die Italiener. Wir müssen unseren Augen manchmal etwas Gutes tun.»

Die anderen Kunden reagierten etwas betreten auf diese Äußerung. Schließlich nutzte Herr Tanaka die ziemlich lange Redepause, um sich selbst und sein Reisemotiv vorzustellen. Wir erfuhren, dass er Vorstand einer ziemlich bekannten Firma in Tokio war, 54 Jahre alt und noch immer ledig. Stolz klärte er uns darüber auf, dass er über ein ziemlich großes Vermögen verfügte. Er plante, in ein paar Jahren von seinem Posten zurückzutreten und dann nach Italien auszuwandern. In Italien wollte er sich seinen großen Traum erfüllen und sich nur noch seinem Hobby, dem Malen, widmen. Die anderen Gäste lauschten ganz gebannt Herrn Tanakas Geschichte. Er genoss es sichtlich, mit der Schilderung seines außergewöhnlichen Lebensplans im Mittelpunkt zu stehen. Er berichtete, dass er vor zehn Jahren zum ersten Mal nach Italien gereist sei, und schon damals habe er die Eingebung gehabt, irgendwann nach Italien umzusiedeln, um hier den Herbst seines Lebens zu verbringen. Sein Ziel war dieses Mal, eine Wohnmöglichkeit zu finden und seine zukünftige Frau. Ich vermutete, dass er in Italien eine Freundin hatte, der er einen Heiratsantrag machen wollte. Jetzt verstand ich auch, warum er sich bei der Fotoaufnahme so untypisch für einen Japaner verhalten hat. Er ist gewohnt mit Italienern zu verkehren, und die sind ja bekanntlich sehr offen und herzlich.

Meine Vermutung stellte sich aber als vollkommen falsch heraus. Herr Tanaka fuhr nämlich fort:

«Für dieses Leben in Italien möchte ich unbedingt eine Frau finden, koste es, was es wolle. Aber meine zukünftige Frau muss Japanerin sein. Ja, sie muss Japanerin sein, aber sie darf auch nicht zu konventionell sein. Sonst wird sie es nicht schaffen, in Italien zu leben. Anpassungsfähigkeit ist ein wichtiger Faktor, um im Ausland wohnen zu können, nicht wahr? Wenn ich eine Frau finden würde, die gut mit Italienern auskommen kann, würde ich sofort um ihre Hand bitten.»

Die anderen Reiseteilnehmer wünschten Herrn Tanaka mit ermunternden Worten viel Erfolg für sein Vorhaben. Auch ich wünschte ihm viel Glück, weil ich einfach etwas Nettes sagen wollte. Das führte dazu, dass die allgemeine Aufmerksamkeit auf mich gelenkt und ich mit Fragen bombardiert wurde.

«Wie lange arbeitest du schon als Reiseleiterin?»

«Wie oft bist du bereits in Italien gewesen?»

Und Herr Tanaka fragte mich unverblümt, ob ich mir eventuell vorstellen könnte, in Italien zu leben. Ich hielt seine Frage für eine ganz allgemeine, harmlose Verständnisfrage.

«Ich kann mir gar nicht vorstellen, in Italien zu wohnen, obwohl ich Italien sehr schön finde, aber nur als Reiseland. Mit der italienischen Mentalität kann ich nicht viel anfangen. Ich bin ziemlich ungeduldig, und wenn ich in Italien leben müsste, würde mir ständig der Geduldsfaden reißen. Aber viele meiner Kolleginnen würden gern nach Italien auswandern genau wie Sie.»

Und halb im Spaß schloss ich an:

«Vielleicht könnte sich unter meinen Kolleginnen die passende Frau für Sie finden.»

Nach dem Essen unternahmen wir alle zusammen einen kleinen Spaziergang, etwa um 23 Uhr kamen wir wieder im Hotel an. Wegen der siebenstündigen Zeitverschiebung zwischen Europa und Japan waren alle ziemlich müde und wollten rasch zu Bett. Am Empfang verabschiedeten wir uns voneinander und wünschten uns gegenseitig eine gute Nacht.

Ich war gerade auf mein Zimmer gekommen, als es an meiner Tür klopfte. Es war Herr Tanaka.

«Möchten Sie vielleicht ein Glas Wein in der Hotelbar? Ich möchte Sie besser kennen lernen», sagte er ohne Zögern.

«Ich habe Interesse an Ihrem Vorschlag, dass ich meine künftige Frau vielleicht unter Ihren Kolleginnen suchen sollte. Übrigens, darf ich Sie mit Vornamen ansprechen?»

«Sie können mich gern beim Vornamen nennen.»

Ich hatte allerdings nicht die geringste Lust, mit Herrn Tanaka in die Hotelbar zu gehen. Und mein Vorschlag, unter meinen Kolleginnen auf Brautschau zu gehen, war keineswegs ernst gemeint gewesen.

«Ich muss jetzt leider noch den Bericht für heute schreiben,» wehrte ich ab. Wir haben bestimmt auf dieser Reise noch ein anderes Mal Gelegenheit, gemeinsam einen Drink zu nehmen.»

Ich hoffte, dass ich überzeugend und resolut genug klang, um ihn abzuwimmeln. Er machte ein sehr enttäuschtes Gesicht.

«Na gut, aber dann ein anderes Mal. Versprochen?»

«Ja, sicher.»

Herr Tanaka verschwand in seinem Zimmer, und ich atmete erleichtert auf. Ich musste zwar wirklich einen Bericht über den ersten Reisetag schreiben, aber ich verschob es auf den nächsten Tag, denn ich wusste, dass ich viel Zeit dazu zur Verfügung haben würde. Also duschte ich und kroch hundemüde ins Bett. Da klingelte das Telefon.

«Hast du den Bericht schon fertig geschrieben? Hast du wirklich keine Lust auf ein Glas Wein? Oder wir können auch gern ein Bier trinken.»

Herr Tanaka gab doch nicht so schnell auf, wie ich gehofft hatte.

«Nein, ich habe wirklich keine Lust dazu. Vielleicht können wir irgendwann mit den anderen Kunden zusammen etwas trinken gehen», erwiderte ich, leicht verärgert.

Herr Tanaka am anderen Ende sagte ein paar Sekunden nichts und legte dann einfach auf. Ich atmete noch einmal tief durch und schlief bald darauf ein.

Am nächsten Morgen trafen wir uns zum Frühstück im Restaurant. Alle Gäste sahen frisch und erholt aus. Herr Tanaka nahm genau mir gegenüber Platz. Wir grüßten uns höflich, aber keiner verlor ein Wort über den gestrigen Abend. Ich erkundigte mich bei meinen Gästen nach ihren Plänen für den heutigen Tag und gab ihnen noch ein paar Tipps und weitere Informationen. Herr Tanaka kündigte an, dass er sich in Venedig, unserem nächsten Reiseziel, vorübergehend von uns trennen werde. Er habe in Venedig ein paar italienische Freunde, die er treffen wolle und bei denen er auch zu übernachten beabsichtige.

Prima, dann kann er mir nicht auf die Pelle rücken, dachte ich, und biss mit noch größerem Vergnügen in mein italienisches Brötchen. Nachdem sich meine Kunden auf den Weg gemacht hatten, ging ich in mein Zimmer zurück, um meinen Bericht von gestern nachzuholen.

Kurz nach Mittag macht ich mich zu einem kleinen Spaziergang auf. Unterwegs wollte ich mir ein Sandwich kaufen. Das Wetter war einfach zu herrlich, da wollte ich mich nicht den ganzen Tag im Zimmer einschließen. In den Straßencafés herrschte reges Treiben. Die Menschen führten muntere Unterhaltungen oder waren in ihre Zeitungslektüre vertieft. Die heitere, gelassene Stimmung wirkte ansteckend. Als ich die Bar erreichte, wo ich mir mein Panino Caprese gönnen wollte, sprach mich plötzlich jemand an.

«Hallo. Hallo.»

Es war Frau Mori. Und einige Meter hinter ihr, nicht zu übersehen in ihrer gelben Bluse und knallroten Hose, Frau Nakamura, heftig mit einer Hand in meine Richtung wedelnd, was gar nicht so leicht sein konnte, da sie mit zahllosen Einkaufstüten bepackt war. Das war's mit meiner ruhigen Mittagspause. Die beiden Schwestern schlugen mir vor, mich zu ihnen zu gesellen.

«Was möchtest du? Bestell dir, was Du möchtest. Vielleicht etwas zum Essen? Wir wollten auch bald etwas essen. Wir laden dich ein!»

Ich konnte ihre Einladung nicht so ohne weiteres ablehnen, und normalerweise unterhalte ich mich auch gern mit meinen Kunden. Also nahmen wir zu dritt an einem Tisch Platz. Wir brauchten drei Extra-Stühle für all die Einkaufstaschen von Gucci, Furla, Versace, Prada ... Ich hörte auf zu zählen.

«Bist du eigentlich schon verheiratet, oder hast du einen festen Freund in Japan, wenn wir fragen dürfen?», wollte Frau Nakamura wissen, kaum, dass wir saßen. Ohne meine Antwort abzuwarten, fuhr sie hastig fort: «Du hast doch bestimmt einen festen Freund, oder? Du lernst doch sicher viele nette Männer kennen? Vor allem hier im Ausland! Sag doch mal.»

«Ja los, sag doch», fiel ihre Schwester mit ein. «Im Ausland gibt es doch sicher viele Möglichkeiten für romantische Abenteuer. Wie sind die italienischen Männer denn so?»

Beide Frauen schäumten so vor Eifer, dass ihr Speichel regelrecht durch die Luft flog. Ich hatte mich damals gerade von meinem Freund getrennt, mit dem ich mit Unterbrechungen vier Jahre lang zusammen gewesen war. Nach langem Kampf hatte ich einen Schlussstrich unter unsere Beziehung gezogen und mich wie besessen in meine Arbeit gestürzt. Sollte ich den beiden meine wahre Situation schildern?

Unsere Sandwiches kamen und unterbrachen die Unterhaltung. Meine Hoffnung, diesen privaten Themen ausweichen zu können, wurde jedoch mit dem letzten Bissen von Frau Moris Panino hinunterge-schluckt.

«Du hast uns immer noch nicht gesagt, ob du einen festen Freund hast. Na, wie sieht's aus?», fragte sie hartnäckig weiter.

Ich musste jetzt unbedingt einen guten Vorwand erfinden, um aus dieser Nummer rauszukommen.

«Ich sollte jetzt vielleicht besser gehen, um Ihnen Ihre Freizeit in Mailand nicht zu nehmen. Wir fahren morgen ja schon nach Venedig weiter», wich ich, wenig überzeugend, aus.

«Keine Sorge. Wir waren schon mehrmals in Mai-land, und unser Ziel dieses Mal war es, ein paar Dinge einzukaufen. Glücklicherweise konnten wir heute alles bekommen, was wir in Italien einkaufen wollten. Die Sehenswürdigkeiten hier haben wir schon alle gesehen. Wir wollen eigentlich nur noch die vielen schönen Män-ner beobachten, indem wir, wie gerade jetzt, in einem netten Café sitzen. Wir haben genug Zeit, um ein biss-chen zu plauschen und mehr von Dir zu erfahren. Ob-wohl wir natürlich nicht so unverschämt sind, dich über alles auszufragen», sagte Frau Nakamura und lächelte mir dabei freundlich zu.

Gefangen. Ich gab mich geschlagen.

«Nein, momentan habe ich keinen festen Freund, und ich bin auch nicht verheiratet.»

Ich hatte das Gefühl, als hätte ich gerade ein Ver-brechen gestanden.

«Warum hast du uns nicht gesagt, dass du ledig bist und einen Freund haben möchtest?»

«Was meinen Sie damit? Ich brauche jetzt keinen Freund. Ich genieße meine Arbeit.»

«Unsinn!», schnauzte mich die ältere Schwester an. «Wenn du als Reiseleiterin arbeitest, lernst du bestimmt viele Leute kennen, nicht wahr? Bestimmt würdest du schnell einen netten Mann finden. Warum tust du das nicht?»

«Aber …»

Frau Mori blinzelte ihrer Schwester zu und wie auf Kommando schoben sie ihre Teller zur Seite und beugten sich über den Tisch.

«Wie findest du Herrn Tanaka?»

«Was meinen Sie?»

«Sei bitte nicht albern! Du verstehst, was wir meinen!»

Und die ältere Schwester sagte ungeduldig:

«Er ist von dir sehr angetan. Als er dich gestern im Flughafen zum ersten Mal gesehen hat, hast du ihm sofort sehr gut gefallen. Das hat er uns schon im Flugzeug erzählt. Du hast am Schalter im Flughafen deine Arbeit gewandt und schnell verrichtet. Und außerdem bist du sehr nett und zuvorkommend. Ich glaube, das ist Liebe auf den ersten Blick! Romantisch, nicht wahr? In seinem Alter ist es ja fast unmöglich, sich in jemanden spontan zu verlieben. Ich beneide ihn darum. Er hat uns schon im Flieger gesagt, dass du als seine künftige Frau wie geschaffen bist. Ihr seid einfach füreinander bestimmt.»

«Wie bitte?!» Ich fiel aus allen Wolken.

«Bitte, behalte diese Geschichte für dich», fuhr Frau Nakamura mit leiser Stimme geheimnisvoll fort. «Wie du ja weißt, hat Herr Tanaka an dieser Reise teilgenommen, um eine Frau zu finden. Offen gesagt, ist das nicht das erste Mal. Seit fünf oder sechs Jahren reist er nach Italien auf der Suche nach seiner Zukünftigen. Also, seine Theorie geht so ...»

Frau Nakamura beugte sich noch weiter zu mir herüber, ich spürte ihren Atem in meinem Gesicht.

«Viele Japanerinnen sind viel zu schüchtern, konservativ oder naiv, um in Italien leben zu können. Aber wie er gestern selber gesagt hat, will er unbedingt eine Japanerin als Frau. Deswegen sucht er ganz gezielt unter Reiseleiterinnen. Denn die sind flexibler, moderner und kennen sich im Ausland gut aus. Und die meisten sprechen Englisch, einige sogar Italienisch. Jedes Mal hat er im Voraus beim Reisebüro angerufen, um sich zu vergewissern, dass die Reise wirklich von einer Reiseleiterin geführt wird, und nicht von einem Mann. Das ist für ihn nämlich der wichtigste Punkt.»

«Er hatte bis jetzt aber fast immer Pech», setzte jetzt Frau Mori nach. «Die erste Reiseleiterin war schon verheiratet, und die zweite und dritte waren viel zu jung für ihn. Sie waren Anfang zwanzig. Er hätte ihr Vater sein können! Die Reiseleiterin, die er letztes Jahr kennen gelernt hatte, gefiel ihm auch sehr gut. Nach der Reise hat er all seinen Mut zusammen genommen, und es ist ihm gelungen, sich in Japan mit ihr zu verabreden. Er hat sich in Schale geworfen und sie in ein sehr gutes

Restaurant ausgeführt. Später hat er sich mit der Frau noch ein paar Mal getroffen und viel Geld für sie ausgegeben. Bald merkte er jedoch, dass sie es nur auf sein Geld abgesehen hatte. Zu allem Überfluss stellte er fest, dass die Frau doch einen Freund hatte, einen Busfahrer aus Italien oder Deutschland. So genau weiß ich es nicht mehr. Als er das erfuhr, hat er ihr natürlich den Laufpass gegeben. Das war eine ziemlich bittere Enttäuschung für ihn.»

«Aber er hat nicht aufgegeben, seine künftige Frau unter Reiseleiterinnen zu suchen», fuhr Frau Nakamura fort. «Er ist wieder da! Nach dem Motto *Ein blindes Huhn findet auch einmal ein Korn* und diesmal hat er mit dir einen Volltreffer gelandet!»

«Wie bitte?! Bin ich also ein Korn?»

Ich war wie vor den Kopf gestoßen und wusste nicht, was ich sagen sollte.

«Sieh zu, dass du die Chance nicht vermasselst», ermahnte mich Frau Mori eindringlich, und beide Schwestern warfen sich gegenseitig zufriedene Blicke zu, als wenn sie eine schwere Aufgabe erfolgreich erledigt hätten.

«Ich muss langsam los», sagte ich, «ein paar Papiere für morgen im Büro abholen. Sonst komme ich zu spät zu unserer Verabredung zum Abendessen. Vielen Dank für Ihre Einladung und Ihren guten Rat. Ich versuche, meine Chancen nicht zu verpassen. Aber ich glaube, ich kann mich selbst darum kümmern.»

Ohne mich noch einmal nach ihnen umzuwenden, verließ ich das Café und ging in die Gegenrichtung des

Hotels, obwohl ich gar nicht ins Büro musste. Ich hatte Kopfschmerzen. Ziellos lief ich durch die Stadt. Viele Gedanken schossen mir durch den Kopf. Hat Herr Tanaka die beiden Schwestern dazu angestiftet, mir seine Gefühle mitzuteilen? Steckten Sie mit ihm unter einer Decke? Ich hätte ihnen irgendeine Lüge auftischen sollen: dass ich einen festen Freund hätte oder zu heiraten plante. Dann wäre mir das alles wahrscheinlich erspart geblieben. Aber jetzt muss ich noch elf Tage mit ihnen verbringen und mir mit Sicherheit ständig Belehrungen und gute Ratschläge anhören.

Abends im Restaurant waren alle guter Laune. Jeder berichtete, was er tagsüber unternommen hatte. Die beiden Schwestern erzählten von ihrer zufälligen Begegnung mit mir und welch interessante Unterhaltung wir gehabt hätten. Die ältere Schwester war überglücklich, dass sie endlich die Handtasche ergattern konnte, nach der sie schon seit zwei Jahren verzweifelt gesucht hatte. Die Takayamas hatten die Kirche St. Maria della Grazie besucht, um sich das weltberühmte Abendmahl-Fresko von Leonardo da Vinci anzusehen. Und die Satos hatten fast den ganzen Tag im Brera-Museum verbracht. Am Ende berichtete Herr Tanaka, dass er sich mit einem italienischen Bekannten getroffen habe, der ihn bei seinen Auswanderungsplänen unterstütze.

Wieder im Hotel angekommen, schlug Herr Tanaka vor, noch auf einen Drink in die Bar zu gehen. Takayamas und Satos winkten höflich ab.

«Wir sind sehr müde. Vielleicht ein andermal! Gute Nacht!»

«Gute Nacht! Bis morgen!»

Als ich die beiden Ehepaare im Aufzug verschwinden sah, wäre ich am liebsten hinter ihnen her gestürzt. «Bitte nehmen Sie mich mit!» Aber als Reiseleiterin konnte ich mich nicht so einfach abseilen. Von unserer Firma sind wir angehalten, Einladungen unserer Kunden anzunehmen, solange sich dahinter kein unmoralisches Angebot verbarg. Aber konnte ich mir in diesem Fall sicher sein? Hinzu kommt, dass ich keinen Alkohol trinke. Für mich sind solche Einladungen daher keine Freude, sondern eine regelrechte Qual. Auf der anderen Seite hatte ich Herrn Tanaka gestern zugesagt, einmal mit ihm einen trinken zu gehen. Insofern war jetzt vielleicht sogar eine gute Gelegenheit. Denn immerhin waren die beiden Schwestern dabei, und ich musste mit Herrn Tanaka nicht allein sein. Andererseits schienen mir die beiden Frauen immer für Komplikationen gut.

Bevor ich «Ja» oder «Nein» sagen konnte, hatte Herr Tanaka mich schon an der Schulter gepackt, und Frau Mori schob mich weiter Richtung Bar. Offenbar war Widerstand zwecklos. Herr Tanaka verkündete großspurig:

«Ich möchte Euch einen ausgeben. Ihr könnt bestellen, was Ihr wollt. Das geht alles auf meine Rechnung!»

Die Schwestern schrien «Hurra», feixten wie 15-jährige Teenager und machten mit fuchtelnden Armbewegungen den Kellner auf sich aufmerksam. Man bestellte eine Flasche Rotwein, und ich orderte für mich eine kleine Flasche Mineralwasser.

«Was? Eine Flasche Wasser? Das ist aber langweilig. Mit den Kunden mal ein Gläschen zu trinken, ist auch Teil deiner Aufgabe. Du sollst den Kunden doch Freude machen, nicht wahr?», sagte die ältere Schwester in scharfem Ton. Meinen Beteuerungen, dass ich keinen Alkohol vertrage, zum Trotz wurde ein viertes Weinglas für mich bestellt.

Der Kellner brachte die Getränke. Allen wurde Wein eingeschenkt. Für mich war dies eine verzweifelte Situation. Wenn ich auch nur einen Schluck Wein trinken würde, könnte ich am nächsten Tag meiner Arbeit nicht richtig nachkommen. Ich atmete einmal tief durch und mit aller selbstverständlichen Gelassenheit, die ich aufbringen konnte, goss ich mir das Wasser ein und leerte in einem Zug das halbe Glas. Die drei starrten mich entgeistert an, aber niemand forderte mich mehr auf, Wein zu trinken. Bei der zweiten Flasche wurden die beiden Schwestern immer redseliger. Ich staunte, dass sich ihre Sprechgeschwindigkeit noch steigern ließ, auch wenn die Worte nicht mehr ganz so klar artikuliert waren. Der Alkohol forderte seinen Tribut. Sie sprachen ohne Unterbrechung über die schönen, modernen und gut angezogenen Männer, die sie tagsüber beobachtet hatten. Das war mir lieber, als wenn sie wieder mich zum Gesprächsgegenstand genommen hätten. Während ich ihren anschaulichen Berichten über die italienische Männerwelt lauschte, bemerkte ich, wie die Hand von Herrn Tanaka sich vorsichtig auf meinen Oberschenkel legte. Jetzt war ich mir ganz sicher, dass er die Grenze des Erlaubten überschritten hatte. *Ich bin Reiseleiterin, aber mich von einem Kunden begrapschen zu lassen, gehört nicht zu meinen Pflichten.* Gerade als ich mit diesen Worten hochfahren wollte, sah ich Herrn Sato mit einem großen «Entschuldigungs-Gesicht» auf mich zulaufen. Seine Frau war gerade unter der Dusche und konnte kein warmes Wasser bekommen. *Bingo!* Ja, manchmal ist man sogar froh darüber, dass man sich als Reiseleiterin um alles kümmern muss. Ruhig stand ich auf, dankte Herrn Tanaka für die Einladung und ging mit Herrn Sato nach oben. Am liebsten wäre ich Herrn Sato vor lauter Dankbarkeit um den Hals gefallen. Aber ich ließ es sein, vermutlich hätte er das missverstanden.

Dritter Tag. Venedig, die Stadt des Wassers. Eine Stadt ohne Autos. Hier kann man sich nur zu Fuß oder auf Booten fortbewegen. Venedig besteht aus 118 kleinen Inseln, verbunden durch mehr als 400 Brücken. Nur kleine, schmale Gassen führen durch diese einzigartige Stadt, die allmählich und unweigerlich im Meer versinkt.

Wie angekündigt, wurde Herr Tanaka auf der Piazza Roma von einem seiner italienischen Bekannten in Empfang genommen. Zwei Tage und zwei Nächte würde er nicht mit uns verbringen. Sehr gut! Als er sich von uns verabschiedete, blinzelte er mir bedeutungsvoll zu.

«Du kannst mich jederzeit gern anrufen. Du störst mich nie!»

Er gab mir ein Stück Papier, auf dem eine Telefonnummer stand. Ich überging seine Äußerung mit einem Lächeln.

Wir fuhren mit einem Boot auf dem Canal Grande zu unserem Hotel. Ein fantastisches Panaroma eröffnet sich auf dieser Fahrt. Von Weitem betrachtet sieht alles aus wie in einem Märchenfilm. Wenn man jedoch einen genaueren Blick auf die Details wirft, kann die Romantik in Venedig schnell verloren gehen: Palazzi, von denen der Putz abbröckelt, stinkendes Brackwasser, schiefe Straßen und enge Gässchen, auf denen es manchmal schwierig ist zu gehen, verzogene Türrahmen in den Häusern, weswegen sich die Türen oft nicht richtig öffnen lassen und, nicht zuletzt, abertausende von Touristen, die sich im Gänsemarsch durch die engen Gassen drücken. Unter solchen Umständen geht die Lust auf Venedig manchmal etwas verloren. Wenn man andererseits aber wieder auf der imposanten Piazza San Marco steht, vor der prachtvollen Basilika mit der orientalischen Fassade und den fünf Kuppeln, wenn man am beeindruckenden Dogenpalast vorbei hin zur großen Promenade schlendert, da, wo der Blick auf das Meer freigegeben wird, dann schlägt das keimende Gefühl der Trostlosigkeit schnell wieder in Begeisterung um. Jedenfalls mir geht es immer so.

«Wir möchten gern mit einem gut aussehenden Gondoliere in einer Gondel fahren. Kann man das organisieren?», fragte mich Frau Nakamura, als wir aus dem Glasgeschäft kamen, wo sich meine Gäste mit teurem Muranoglas eingedeckt hatten.

«Natürlich kann ich das organisieren.»

Eine Gondelfahrt in Venedig hatte noch keiner von meinen Gästen erlebt, das war für alle etwas Neues.

Da auf einer Gondel nur sechs Personen Platz haben, hieß das für mich, dass ich 45 Minuten Pause hatte und einen Kaffee trinken gehen konnte. Ich brachte die Gruppe zur Bootsanlegestelle. Am Anfang gab es eine kleine Diskussion, weil Frau Mori und Frau Nakamura gern einen etwas jüngeren Gondoliere gehabt hätten, schließlich aber stiegen die Schwestern doch in das bereits gebuchte Boot, und zwar so flink und behände, dass sie sich die besten Plätze an der Spitze des Bootes schnappten. Vom Ufer aus winkte ich ihnen zu, bis sie hinter der ersten Biegung verschwunden waren. Nach etwa 45 Minuten kam das Boot wieder zurück. Frau Mori und Frau Nakamura sangen mit Leibeskräften zusammen mit dem Gondoliere ein Terzett. Schon lange bevor ich das Boot auftauchen sah, konnte ich ihre kräftigen Stimmen und den etwas schrägen Gesang hören. Der Gondoliere machte ein gequältes Gesicht.

Während unseres Aufenthalts in der Lagunenstadt versuchte ich den beiden Schwestern – so gut es ging – aus dem Weg zu gehen. Ich wollte nicht wieder in ihre Fänge geraten. Orte, wo die Wahrscheinlichkeit hoch war, ihnen über den Weg zu laufen, mied ich daher. Und so fuhr ich am zweiten Tag, als die Kunden wieder Freizeit hatten, allein an den Lido. Dass Frau Mori und Frau Nakamura dort auftauchen würden, war sehr unwahrscheinlich. Bei der Überfahrt auf dem Schiff hatte ich das Gefühl, regelrecht auf der Flucht zu sein, als wäre ich eine Verbrecherin, die von der Polizei gejagt wird. Ich besuchte dort eine japanische Bekannte, die in Venedig als Stadtführerin arbeitete. Sie hatte einen Italiener geheiratet, war aber seit sieben Jahren von ihm geschieden. Es tat gut, sich mit jemandem mal wieder richtig auszutauschen. Und natürlich klagte ich ihr mein Leid. Sie versuchte mich aufzumuntern und empfahl, die Sache einfach nicht so ernst zu nehmen.

«Du weißt ja, wie die Kunden sind. Ganz begeistert von der Reise sind sie wie im Rausch und sagen manchmal Dinge, die sie zu Hause im Alltag nie sagen würden. Ignorier es einfach. Bleib locker.»

Am nächsten Tag pünktlich zur Abfahrt nach Florenz tauchte auch Herr Tanaka wieder auf – über und über mit Einkaufstaschen aus Markengeschäften behängt. Beim Einstieg in den Bus kam er ganz nah an mich heran.

«Hast du mich vermisst?»

«...?»

«Ich habe dich schmerzlich vermisst. Aber wir haben ja noch ein paar Tage zusammen, nicht wahr? Wir können die verlorene Zeit nachholen.»

Er zwinkerte mir zu, indem er sein rechtes Auge krampfhaft zusammenpresste, sein Mund verzog sich dabei zu einem hohlen Grinsen. Auf der Busfahrt nach Florenz wurde Herr Tanaka mit allerlei Fragen traktiert: Was er in den letzten beiden Tagen unternommen habe, was in den Tüten sei, offensichtlich doch Geschenke und für wen die alle bestimmt seien.

«Die sind für meine Mitarbeiter.»

«Zeigen Sie doch, was sie gekauft haben!», riefen die Schwestern fast gleichzeitig.

«Ich werde es Ihnen später gern zeigen. Haben Sie bitte ein bisschen Geduld.»

Nach und nach beruhigte sich die Aufregung um Herrn Tanaka, und alle schliefen ein – außer mir und dem Busfahrer natürlich.

Es war geplant, den ersten Abend in Florenz in einem sehr stilvollen und eleganten Restaurant zu verbringen. Das Restaurant war unter Japanern sehr bekannt, weil es auch eine Filiale in Tokio hatte. Ehrlich gesagt, war ich von diesem Restaurant gar nicht so begeistert. Das Essen war nicht überwältigend, die Kellner waren arrogant und alles ging unheimlich langsam. Auf mindestens drei Stunden musste man sich einstellen.

Die Reiseteilnehmer warfen sich in Schale. Die Männer trugen dunkle Anzüge. Herr Tanaka hatte eine bunte Krawatte umgebunden – sehr untypisch für einen Japaner. Aber man muss zugeben, dass er richtig schick damit aussah. Später erfuhren wir, dass er sich eigens für diesen Abend in Venedig neu eingekleidet hatte. Ich war gespannt darauf, was die Schwestern trugen. Sie enttäuschten mich natürlich nicht. Die Ältere kam in einem orangefarbenes Kostüm, darunter hatte sie eine gelbe Bluse mit sehr tiefem Ausschnitt an. Passend dazu orangefarbene Schuhe. Die jüngere Schwester trug ein hellgrünes Kleid mit einem Strickpulli in leuchtendem Blau. Ihre Schuhe waren zweifarbig: grün und blau. Beide Schwestern hatten große dunkle Sonnenbrillen aufgesetzt und riesige Strohhüte. Überall glitzerten Perlen und andere Schmuckstücke. Sie waren auf jeden Fall ein Blickfang.

Im Restaurant wurde ausgiebig getafelt. Und natürlich zog sich alles über mehrere Stunden hin. Keiner kam mehr auf die Idee, in der Hotelbar noch einen Drink einzunehmen. Darüber war ich sehr froh. Alle verschwanden schnell auf ihre Zimmer.

Kurz nach Mitternacht klingelte mein Telefon. Herr Tanaka natürlich. Er beschwerte sich, dass er in seiner Dusche kein heißes Wasser bekommen konnte. Ich fragte mich sofort, warum er mich dazu anrief und nicht direkt die Rezeption. Immerhin konnte er ja gut Italienisch. Er wollte, dass ich in sein Zimmer käme und mir das selber ansähe. Ich wollte keinesfalls allein bei ihm erscheinen, deshalb ging ich, nachdem ich mich extra wieder angezogen hatte, zunächst zur Rezeption, um dort Herrn Tanakas Problem zu schildern. Die Rezeption war jedoch nicht besetzt, und es sah auch nicht danach aus, dass so schnell jemand auftauchen würde. In meiner Verzweiflung bat ich einen Barmann, mich zu begleiten und sich das Problem einmal anzusehen. Er war glücklicherweise dazu bereit. Herrn Tanakas freudiges Lächeln verschwand sehr schnell, als er sah, dass ich in Begleitung bei ihm vor der Tür stand. Dann erklärte er hastig, dass, wie durch ein Wunder, wieder heißes Wasser da sei.

«Da bin ich aber froh. Ich wünsche Ihnen eine gute Nacht», sagte ich und marschierte zurück auf mein Zimmer.

Nach dem Frühstück am nächsten Morgen informierte ich meine Kunden über den Tagesablauf und verabschiedete mich dann von ihnen. Ich hatte wieder einen Tag offiziell frei. Aber wir hatten vor, am Abend in einem unserer Zimmer eine kleine Party zu feiern. Herr Tanaka hatte das vorgeschlagen. Seine Idee war, im Supermarkt oder in einer Pizzeria etwas einzukaufen und es dann gemeinsam im Zimmer zu verzehren. Nach dem üppigen Mahl gestern sei eine etwas spartanischere Küche bestimmt angebracht, meinte Herr Tanaka. Alle waren von der Idee begeistert. Und sofort wurde überlegt, wer was einzukaufen hatte. Ich war auch eingeladen. Solche Zimmerpartys auf Reisen waren nicht selten. Aber weil ich ja keinen Alkohol vertrage, langweilte ich mich immer und hoffte, dass sich die Party nicht allzu lange hinziehen würde. Eine Party mit Herrn Tanaka und den beiden Osaka-Schwestern fand ich auch nicht besonders berauschend.

Die Schwestern stellten ihr Zimmer zur Verfügung. Darüber war ich nicht glücklich. Wenn die Bewohner des Zimmers müde wurden und ins Bett gehen wollten, war die Party normalerweise zu Ende, aber im Zimmer der beiden Frauen würde sie wahrscheinlich endlos dauern. Um 19 Uhr versammelten wir uns, mit Ausnahme von Herrn Tanaka, pünktlich im Zimmer der Schwestern.

«Vielleicht hat Herr Tanaka wieder einen von seinen Bekannten getroffen, deswegen ist er noch nicht da!», mutmaßte jemand.

Das wäre mir sehr recht gewesen. Meine Hoffnung jedoch wurde enttäuscht. Eine Viertelstunde später schneite Herr Tanaka mit vier Schachteln Pizza herein.

«Immer zwei teilen sich eine Pizza», ordnete er an.

Klar, dass ich mir eine Pizza mit ihm teilen musste. Während wir aßen, entwickelten sich muntere Gespräche über alle möglichen Themen. Plötzlich, wir waren gerade mit Essen fertig, stand Herr Tanaka auf. Er sprach in feierlichem Ton.

«Ich möchte Ihnen jetzt etwas vor allen Anwesenden hier im Raum bekannt machen. Könnten Sie etwas Zeit für mich erübrigen?»

Frau Mori und Frau Nakamura fingen sofort an, voll Energie in die Hände zu klatschen, und wie aus einem Munde riefen sie: «Natürlich! Natürlich!»

Herr Tanaka fuhr fort:

«Ich möchte jetzt unserer Reiseleiterin einen Antrag machen.»

Mir blieb fast das Herz stehen, es schnürte mir die Kehle zu. Wieder blinzelte er mir auf linkische Weise zu, das wirkte geradezu unappetitlich. Er wendete sich zu mir:

«Ich bin bis über beide Ohren in dich verliebt. Ich mag dich sehr wegen deiner professionellen Arbeit als Reiseleiterin und wegen deiner netten Art. Wie ich euch schon erzählt habe, suche ich momentan intensiv nach einer Frau, die ich heiraten und mit der ich in Italien leben möchte. Du bist die richtige Frau für mich, du bist wie geschaffen für mich. Ich weiß, wie wichtig dir deine Arbeit ist. Aber ich versichere dir, dass du in Italien in gesicherten Verhältnissen leben wirst. Um Geld brauchst du dir keine Sorgen zu machen. Mein Vater hat ein ziemlich großes Erbe hinterlassen. Ich habe selber fleißig gespart. Ich rauche nicht, ich trinke wenig Alkohol, und ich hatte keine Frau, die das Geld zum Fenster hinauswerfen konnte! Ich arbeite zwar nicht weiter, aber wir könnten ziemlich gut leben. Du brauchst auch nicht mehr zu arbeiten. Ich habe einmal von einer anderen Reiseleiterin erfahren, dass die Reiseleiterinnen für ein Butterbrot arbeiten. Ich bin sicher, dass du bei mir ein besseres Leben führen kannst als jetzt.»

Mir zitterten buchstäblich die Knie. Verzweifelt suchte ich nach den passenden Worten, konnte aber keinen Ton herausbringen. Er setzte seine Rede fort.

«Ich fange Frauen gegenüber normalerweise nicht leicht Feuer, aber ich kann mein Gefühl für dich nicht mehr unterdrücken. Wenn du jetzt meinen Antrag annimmst, weiß ich, wo es langgeht. Ich werde der glücklichste Mann der Welt sein. Meine lange Wartezeit auf eine Frau hat sich gelohnt!»

Ich dachte: «Was redet er da? Er fängt nicht leicht Feuer?» Ich wusste von den Schwestern, dass er schon mehrmals seine Netze ausgeworfen hatte, um sich eine Frau zu angeln.

Nicht nur ich, alle waren sprachlos. Niemand machte einen Mucks. Mein Kopf war wie leergefegt. Aber ich musste etwas sagen. Ich wollte dieses unangenehme Schweigen durchbrechen.

«Ich habe aber schon gesagt, dass ich mir nicht vorstellen kann, in Italien zu wohnen.»

«Aber ich bin mir sicher, dass du an dem Leben in Italien bald Geschmack findest!», konterte er. «Italien ist ein sehr schönes Land. Und bei mir kannst du auch ein schönes Leben führen. Ich gebe dir mein Ehrenwort darauf, dass ich dich lebenslang glücklich mache und dir alles gebe, was du möchtest. Ich möchte dich davon überzeugen, dass es mir ernst ist. Deshalb habe ich in Venedig viele Geschenke für dich gekauft. Soll ich sie holen?»

Die vielen Einkaufstaschen mit den bekannten Markennamen darauf! Sie alle enthielten also Geschenke, nicht für seine Mitarbeiter, sondern für mich. Frau Sato bemerkte, wahrscheinlich mit der Absicht, die Situation zu entkrampfen:

«Wie sagt man doch gleich? Liebe macht blind, nicht wahr?»

Die Situation blieb jedoch weiter angespannt.

«Sie brauchen ihre Geschenke nicht zu holen», sagte ich. «Ich kann sie sowieso nicht annehmen. Ich kann von niemandem etwas so Teures annehmen. Ich bin nur Ihre Reiseleiterin, und Sie sind einer meiner Kunden, mehr nicht.»

Während ich dies so ruhig wie möglich sagte, brüllte ich innerlich: «Ich bin nicht bestechlich. Ich heirate nicht für Geschenke. Und ich bin sowieso niemand, der auf Markentaschen und ähnliche Dinge großen Wert legt. Ich brauche Ihre Geschenke nicht. Ich liebe Sie nicht. Sie haben wahrscheinlich gedacht, dass Sie mich dadurch im Sturm erobern könnten? Ihr Kalkül ist nur zu offensichtlich!»

Vielleicht waren mir meine Gedanken vom Gesicht abzulesen, denn Herr Tanaka setzte aufgeregt fort:

«Ich musste über meinen eigenen Schatten springen, solche Frauensachen zu kaufen. Ich habe nie einer Frau ein Geschenk gekauft. Also bin ich nicht sicher, ob sie dir gefallen. Aber ich habe beim Kauf ständig daran gedacht, was dir gefallen könnte, alle Dinge habe ich speziell für dich ausgewählt. Aber versteh das bitte nicht falsch. Damit wollte ich keinen Köder auslegen. Mir ist es sehr ernst mit dir.»

Er machte eine kurze Pause, um Luft zu holen.

«Wenn du jetzt meine Geschenke, also mein Gefühl ablehnst, dann hätte ich sie alle wegen nichts und wieder nichts erstanden. Ich hätte das gesamte Geld zum Fenster hinausgeworfen. Die Zuneigung anderer einfach abzulehnen, sieht dir nicht ähnlich. Habe ich dich falsch beurteilt?»

Ich war mit den Nerven und meiner Geduld am Ende. Auf keinen Fall wollte ich mir Schuldgefühle einflößen lassen, und so nahm ich allen Mut zusammen.

«Ich möchte Ihre Geschenke nicht annehmen, weil ich keinen Grund dafür finden kann, dass Sie mir so viele, teure Sachen schenken. Und meiner Meinung nach brauche ich Ihnen in diesem Fall keine Rechenschaft darüber abzulegen, warum ich sie nicht annehme. Vielleicht haben Sie gedacht, dass Sie mit den Geschenken einen Trumpf ausspielen können, um mein Gefühl zu gewinnen. Aber bei mir funktioniert das nicht. Bitte machen Sie mir deswegen keinen Vorwurf.»

Ich stand auf und erklärte, dass es wohl besser sei, die Party jetzt zu beenden. Während die Satos und Takayamas sich erleichtert auf den Weg zu ihren Zimmern machten, kippte Herr Tanaka mehrere Grappas in sich hinein. Dann warf er sich auf das Bett von Frau Mori, halb bewusstlos. Er hatte sich zum Gespött aller gemacht. Und jetzt war er am Ende. Aber war ich daran schuld?

Die ältere Schwester nahm mich etwas beiseite.

«Du musst ihm seine ungeschickte Art verzeihen. Vergiss diese Geschichte. Natürlich hätte er dich nicht vor allen bei einer Party ansprechen dürfen. Sein Antrag war fehl am Platz, das muss ich sagen. Er hat uns anvertraut, er wolle dir sein Gefühl während der Reise gestehen. Aber wir haben das nicht heute, vor allen anderen, erwartet. Ich kann es gar nicht fassen, dass er auf eine solche Idee kam. Als er angefangen hat, dir einen Antrag zu machen, ist sogar uns die Luft weg geblieben, glaub uns. Na, gut. Er kann jetzt nichts mehr rückgängig machen. Wir kümmern uns um ihn. Er wird bestimmt in einer Stunde wieder zur Vernunft kommen. Wir bauen ihn wieder auf, dann schicken wir ihn auf sein Zimmer. Wir trinken noch ein bisschen weiter. Es ist vielleicht besser, wenn du jetzt gehst.»

Ich war erstaunt über diesen verständnisvollen Vorschlag und nahm ihn gern an. Ganz leise und vorsichtig öffnete ich die Zimmertür, blickte vor der Tür in beide Richtungen, wie um mich zu versichern, dass die Luft rein war, und schlich ängstlich den Flur entlang. Als ich einem Kellner über den Weg lief, hätte ich vor

Schreck beinahe einen Riesensatz gemacht. Ich weiß auch nicht, warum mich plötzlich eine solche Furcht überkommen hatte. In dieser Nacht konnte ich kein Auge zutun.

Am nächsten Tag stand die Fahrt nach Rom auf dem Plan. Beim Frühstück herrschte eine eigenartige, verlegene Stimmung. Keiner brachte ein Wort hervor. Herr Tanaka zeigte sich nicht im Frühstücksraum. Auf der einen Seite hoffte ich, dass er nicht auftauchen würde, auf der anderen Seite machte ich mir aber ein bisschen Sorgen um ihn. Schließlich war er mein Kunde.

«Ich glaube, dass er einfach keinen Hunger hat. Er hat gestern unglaublich viel getrunken. Er hat bestimmt keinen Appetit. Bis zu unserer Abfahrt ist er sicher da», sagte die jüngere Schwester zu mir.

Die anderen Kunden schienen sich auch um mich Sorgen gemacht zu haben.

«Geht es dir gut? Wir sind gestern einfach so weggegangen. Vielleicht waren wir mit Schuld daran, so fühlen wir uns zumindest. Wurde denn alles noch friedlich gelöst? Wenn du etwas loswerden oder erzählen möchtest, kannst du immer mit uns sprechen. Bei uns ist dein Geheimnis gut aufgehoben. Du musst dir seinen Antrag nicht zu Herzen nehmen. Wir möchten uns nicht das Maul über ihn zerreißen, aber wenn man unterwegs ist, wird man manchmal ein bisschen zu forsch. Herr Tanaka weiß jetzt bestimmt, wie du denkst oder welches Gefühl du ihm gegenüber hast. Im Notfall sind wir alle für dich da», tröstete mich Frau Takayama. Dafür war ich ihr sehr dankbar.

Zur Abfahrtszeit erschien Herr Tanaka mit einem breiten Grinsen im Gesicht. Er tat, als wäre gestern nichts passiert. Offensichtlich wollte er das Debakel als unbedeutendes Ereignis übergehen und einfach ignorieren. Das war vielleicht eine gute Herangehensweise.

In Rom hatten wir noch zwei Nächte vor uns. Wenn ich die noch überstand, hatte ich diese Reise hinter mir. Aber eine Hürde war noch zu nehmen. Für den vorletzten Abend hatten sich unsere beiden Schwestern und die beiden Paare zu einem organisierten Abendessen in einem Canzone-Restaurant angemeldet. Sie hatten dafür extra bezahlt. Herr Tanaka hatte keine Lust, daran teilzunehmen. Das bedeutete, dass er wahrscheinlich den Abend im Hotel verbringen würde – genau wie ich. Und natürlich kam es, wie es kommen musste. Wir waren gerade beim Einchecken, und ich verteilte die Zimmerschlüssel an meine Gäste, als Herr Tanaka mit forschem Schritt auf mich zukam.

«Ich habe erfahren, dass alle Reisegenossen, außer uns beiden, heute Abend zusammen zum Essen gehen. Warum gehen wir beide nicht auch essen? Ich kenne ein sehr gutes Restaurant ganz in der Nähe des Hotels. Wir können ganz ungestört sein. Wie findest du diese Idee? Ich glaube, niemand wird etwas dagegen haben, wenn wir zu zweit ausgehen, nicht wahr?»

Dabei warf er einen fast drohenden Blick in die Runde, als ob er die Zustimmung aller erzwingen wollte.

Den Abend zuvor musste er sich die peinliche Abfuhr von mir abholen; ich konnte ihn jetzt nicht schon wieder in aller Öffentlichkeit sein Gesicht verlieren lassen und seine Einladung ablehnen. Aber natürlich wollte ich nach all dem auf keinen Fall einen Abend allein mit ihm verbringen. Ich war unschlüssig, wie ich mich verhalten sollte. Da geschah ein Wunder.

An der Rezeption winkte mir plötzlich ein Mann freudestrahlend zu. Stefano! Stefano war ein Busfahrer, mit dem ich bereits öfter zusammengearbeitet hatte. Ich mochte ihn. Er war immer korrekt, nett und charmant. Und er war stockschwul.

«Hallo, bist du auch heute hier! Wie geht's denn?», rief er mir zu.

Ihn schickte der Himmel. Stefano kam zu mir herüber, wir wechselten ein paar Begrüßungsworte in Englisch, dann zog ich ihn zur Seite und schilderte ihm meine Lage mit Herrn Tanaka. Ich wusste, dass Herr Tanaka kein Englisch verstand, deshalb konnte ich ohne Scheu reden.

«Kannst du mir helfen Stefano?»

«Na, klar.»

Genau in diesem Moment unterbrach Herr Tanaka uns:

«Wir treffen uns also hier am Empfang um 19 Uhr! Bis dann!»

Wieder blinzelte er mir vielsagend zu.

«Darf ich auch mitkommen? Ich heiße Stefano, ich bin Busfahrer aus Firenze, ein sehr guter Bekannter von

Ihrer Reiseleiterin», sagte Stefano umgehend in Englisch.

«Ich spreche leider kein Englisch, nur Italienisch», reagierte Herr Tanaka stolz.

«Nein, wirklich? Das ist ja fantastisch. Dann können wir heute Abend wunderbar Italienisch sprechen», sagte Stefano jetzt in Italienisch, und er lobte Herrn Tanaka für seine tolle Aussprache. Herrn Tanaka blieb die Spucke weg, und er starrte Stefano argwöhnisch an. Wahrscheinlich fiel in diesem Augenblick sein ganzes Kartenhaus in sich zusammen. Stefano ignorierte das Misstrauen und die Feindseligkeit, die ihm entgegenschlug, und machte einen Vorschlag.

«Ich kenne ein sehr gutes und günstiges Restaurant hier in der Nähe. Ihre Reiseleiterin und ich haben da schon ein paar Mal zusammen gegessen. Wenn es Ihnen um 19 Uhr passt, schlage ich vor, dass wir zu dritt dorthin gehen. Das Essen ist sehr gut dort, nicht wahr?»

«Ja, das ist wirklich gut», pflichtete ich Stefano eifrig bei.

Herr Tanaka machte ein so trauriges Gesicht, als müsste er gleich zu weinen anfangen. Als Japaner war Herr Tanaka jetzt gefangen. Es ziemt sich nicht, einfach etwas abzulehnen und direkt «Nein» zu sagen.

«Gut, dann 19 Uhr», sagte Herr Tanaka kleinlaut und verschwand.

Zur verabredeten Zeit warteten die beiden Herren in stiller Eintracht auf mich an der Rezeption. Herr Tanaka war wieder sehr schick gekleidet, viel zu schick für das einfache Restaurant, in das wir gehen wollten.

Beim Abendessen war Stefano unübertrefflich. Ohne mit der Wimper zu zucken, tischte er Herrn Tanaka eine ziemlich dicke Lügengeschichte über mich auf.

«Wissen Sie, sie hatte eine ziemlich üble Erfahrung mit einem deutschen Busfahrer. Überall hat er ihr aufgelauert. Hat unzählige Briefe an sie nach Japan geschickt. Hat sie mit Geschenken überhäuft. Als wenn man Frauen mit Geschenken kaufen könnte. Wie dumm müssen Männer sein, wenn sie glauben, dass so etwas funktionieren könnte. Gott sei Dank ist es ihr irgendwann gelungen, diesen hartnäckigen Deutschen zu verscheuchen. Können Sie sich das vorstellen, dass Sie jemand buchstäblich verfolgt, den Sie überhaupt nicht mögen? Das war eine schlimme Zeit für sie. Übrigens, hörst du immer noch von ihm?»

«Nein», antwortete ich, verwundert und überrascht zugleich, mit welcher Selbstverständlichkeit Stefano, «meine Geschichte» aus dem Hut gezaubert hatte. Deshalb reagierte ich ein bisschen zu einsilbig, ergänzte aber rasch: «Nein, ich höre nichts mehr von ihm, Gott sei Dank! Ich hasse solche Typen.»

Während unseres Gesprächs wurde Herr Tanaka immer nachdenklicher und stiller, am Ende schaute er recht betreten drein. Fast konnte er einem leidtun. Nach dem Essen lud Stefano Herrn Tanaka zu einem Drink in die Hotelbar ein. Was für ein aufmerksamer Mensch er war! Dadurch hatte ich die Chance, mich frühzeitig zu verabschieden und auf mein Zimmer zu fliehen. Nach etwa einer Stunde, rief Stefano mich an und erzählte, wie es ohne mich weitergegangen war.

«Herr Tanaka hat im Restaurant alles richtig mitgekriegt. Kaum dass wir an der Bar saßen, hat er angefangen, mich mit Fragen zuzudecken. Er hat sich meine Geschichte von dir sogar noch mal angehört, um zu erfahren, was aus dir und dem deutschen Busfahrer wirklich geworden ist. Er hat mich direkt gefragt, ob er bei seinem Antrag wirklich alles so falsch gemacht hatte. Ich habe aber darauf bestanden, dass ich von seinem Antrag von dir nichts erfahren hatte. Ich habe mich ganz dumm gestellt und ihm weiter erzählt, ganz allgemein, dass eine solche Art bei dir gewiss nicht ziehen würde. Er wurde sehr nachdenklich. Ich glaube, er wird dich in Zukunft in Ruhe lassen. Meine Geschichte hat er wirklich geschluckt, ich bin ziemlich zufrieden mit meiner Vorführung. Das war echt ein großer Spaß für mich.»

«Entschuldige bitte, dass ich dich in diese Geschichte verwickelt habe. Ich habe mir die ganze Zeit Sorgen gemacht, dass du dich mit ihm anlegen würdest oder so.»

«Keine Sorge. Seine bösen Blicke konnten mir nichts anhaben. Natürlich war er sauer auf mich. Ich habe ja Euer Rendezvous zerstört. Aber ich schwöre, dass er von nun an bestimmt die Finger von dir lässt. Da bin ich mir hundertprozentig sicher.»

Die ganze Nacht befürchtete ich, dass Herr Tanaka mich anrufen oder sogar direkt besuchen könnte. Aber nichts geschah. Trotzdem schlief ich ziemlich unruhig.

Am nächsten Tag, es war der letzte Tag in Italien, hatten die Gäste unterschiedliche Punkte auf ihrem Besichtigungsprogramm. Herr Tanaka hatte wieder vor, einen Bekannten zu treffen. In der Lobby würdigte er mich nur eines flüchtigen Blicks. Ich konnte ihn nicht einfach ignorieren, also sprach ich ihn nüchtern und sachlich an und wünschte ihm einen schönen Tag. Als ich gerade zu meinem Zimmer zurückgehen wollte, hielt er mich zurück.

«Ich glaube, dass mir nichts anders übrig bleibt, als dich aufzugeben. Ja, ich gebe dich auf. Was die Suche nach einer Frau angeht, muss ich wieder bei Null anfangen. Es war gut, mit Stefano über dich zu sprechen. Ich muss der Realität ins Auge sehen. Aber weißt du, falls du es dir anders überlegst, halte ich mich immer bereit.»

Er versuchte bei diesen Worten, ein Lächeln aufzusetzen, aber es gelang ihm nicht wirklich. Stefano behielt recht: Herr Tanaka hat mich nicht wieder behelligt. Der letzte Tag in Rom schien daher unter einem guten Vorzeichen zu stehen. Ich hatte besonders gute Laune, und die hielt an, jedenfalls bis zum Abend. Gegen 22 Uhr gingen wir alle zusammen ein letztes Mal in die Hotelbar, um auf unsere Reise und unsere Begegnung anzustoßen. Ich verspürte keine große Lust dazu, aber es war auch ein wichtiger Teil meiner Arbeit, das Ende einer Reise gebührend abzuschließen.

«Bei Gelegenheit können wir uns ja mal in Japan treffen! Vielleicht können wir Fotos tauschen oder so. Wir fahren ziemlich oft nach Tokio, um dort Dinge zu erledigen. Wenn du in Japan bist, kannst du dich uns anschließen, nicht wahr?», sagte Frau Mori mir zuge-wandt.

Die anderen Gäste stimmten dem Vorschlag höf-lich zu.

«Ja, gern», wohl wissend, dass ich nie zu einem Treffen dieser Gruppe fahren würde.

Nach etwa einer Stunde, fühlten sich die meisten müde – sogar Herr Tanaka – und zogen sich auf ihre Zimmer zurück. Nur die beiden Schwestern blieben noch sitzen und hielten mich fest. Sie bestellten sogar noch eine weitere Flasche Wein. Und dann dauerte es nicht lange, und sie schossen sich auf mich ein.

«Keine hätte den Platz von dir einnehmen können. Herr Tanaka liebt dich wirklich. Wir wissen nicht genau, was gestern passiert ist, aber er hat heute auf uns einen Eindruck gemacht, als ob er sich psychisch völlig ver-ausgabt hätte. Was ist gestern zwischen euch vorgefal-len?»

Es wäre viel klüger gewesen, wenn ich mich um die Unterhaltung darüber mit ihnen herumgedrückt hätte. Aber als sie das leidige Thema wieder ansprachen, hatte ich schon ein bisschen Wein intus, den die jüngere Schwester mir eingeschenkt hatte, und ich wollte ihnen die Stirn bieten.

«Diese Angelegenheit hat mit Ihnen gar nichts zu tun! Alle weiteren Worte können Sie sich sparen! Die Sache hat sich, Gott sei Dank, endlich erledigt. Herr Tanaka hat seinen Plan aufgegeben. Warum sollten wir darüber sprechen? Ich habe keine weitere Lust dazu!»

Mein kleiner «Ausbruch» schien die Schwestern zum Schweigen zu bringen, aber ich täuschte mich gewaltig. Es war nur der Auftakt für ein furioses Finale. Die ältere Schwester brach als erste das Schweigen.

«Ich habe selber eine 28-jährige Tochter. Ich möchte eigentlich nicht meine schmutzige Wäsche vor anderen Leuten waschen. Aber ich möchte es dir heute erzählen. Sie geht häufig mit jemandem aus, aber sie hat momentan anscheinend keinen festen Freund. Sie ist schon 28 Jahre alt, aber sie genießt ihr Leben sehr als Single. Als Mutter mache ich mir große Sorgen um sie. Ihr gegenüber rede ich mir natürlich ständig den Mund fusselig, dass es schon höchste Zeit sei, eine funktionierende Beziehung mit einem Mann einzugehen. Karriere zu machen, ist vielleicht auch wichtig, aber als Frau muss sie nach einem richtigen Mann suchen und mit ihm eine Familie gründen. Meiner Meinung nach ist das für Frauen viel wichtiger. Jetzt kann sie sich noch auf ihre eigene wirtschaftliche Kraft verlassen, denn sie ist noch jung. Aber sie muss wissen, dass die jetzige Situation nicht von Dauer ist. In Japan ist es normal, dass Frauen im Alter zwischen 25 und 30 heiraten und Kinder kriegen. Nur eine richtige Familie kann Frauen glücklich machen, nicht ihre Karriere. Karriere zu machen, kannst du deinem Mann überlassen! Heutzutage sind die jungen Frauen sehr wählerisch. Viele Frauen mit 30 leben allein, ihr Einkommen geben sie nur für sich selbst aus und genießen ihr Leben. Und sie merken gar nicht, wie viel die Familie für Frauen bedeutet. Das ist das Problem! Sie ängstigen sich gar nicht um die

Einsamkeit, die Sinnlosigkeit oder die Bedeutungslosigkeit des Lebens, mit der sie in Zukunft bestimmt konfrontiert sein werden, wenn sie ohne Kinder, ohne Familie unmittelbar vor den Wechseljahren stehen werden. Und wenn eine Frau über 30 Jahre ist, hat sie fast keine Möglichkeit mehr, einen ordentlichen Mann zu finden. Männer wollen jüngere Frauen. Ich sage meiner Tochter immer, man soll dem Rat der Älteren folgen, weil wir einfach mehr Erfahrungen haben. Erfahrung ist die beste Lehrmeisterin! Aber sie macht mir immer Vorhaltungen und sagt: *Mama, ich finde deine ständige Einmischung zum Kotzen. Das ist mein Leben. Lass mich bitte in Frieden.* Es ist gar nicht leicht, sie unter die Haube zu bringen. Wirklich! Ich weiß nicht was sie denkt, obwohl sie meine eigene Tochter ist!»

Ich hörte nur mit halbem Ohr zu und empfand im Stillen Mitleid für ihre Tochter. Froh war ich, dass diese Frau nicht meine Mutter war. Unermüdlich fuhr sie mit ihrer Strafpredigt fort.

«Du bist die Generation meiner Tochter. Wenn du denkst, dass dir unzählige Männer zu Füßen liegen, oder du unendlich viele Männerbekanntschaften haben kannst, ist dies eine Täuschung! Wenn man jung ist, merkt man es einfach nicht. Aber glaub uns, den Älteren! Wir kennen das Leben in- und auswendig. Wenn du irgendwann deinen Fehler bemerkst, ist es zu spät. Das Glück für Frauen bedeutet eine eigene Familie, Kinder. Frauen dürfen nicht vergessen, dass sie ein Verfallsdatum haben. Dein Job bringt dir auch nicht lebenslang Freude. Kunden möchten auch keine 60-jährige Reiseleiterin dabei haben, wenn wir ganz ehrlich sein dürfen. Wir möchten uns auf der Reise nicht um unsere greise Reiseleiterin kümmern müssen. Wir raten dir, das zu bedenken. Frauen sind seit Urzeiten Hausfrauen und Mütter. Die Zeit ändert sich vielleicht, aber unsere Rolle als Frauen bleibt die gleiche wie vor 100 Jahren. Und ich schwöre auf alle Götter, dass deine Eltern auch meiner Meinung sind. Ja, hör mir nur zu, ich spreche deinen Eltern aus der Seele. Wie alt bist du? Egal, aber du stehst bestimmt bald am Scheideweg zwischen einer glücklichen Ehefrau und einer ewig allein stehenden, traurigen alten Jungfer.»

Weil sie schon sehr betrunken war, und weil sie sich sehr für ihre eigene Rede begeistern konnte, wiederholte sie die gleichen Dinge immer und immer wieder. Ihre jüngere Schwester hörte mit großer Anteilnahme zu und pflichtete ihr ständig bei. Und weil die beiden sehr laut redeten, zogen sie alle Blicke auf sich. Ich bemerkte, wie mein Gesicht vor Wut rot anlief.

«Vielen herzlichen Dank für ihre nützlichen Ratschläge! Aber ich glaube, es ist jetzt vielleicht besser, langsam ins Bett zu gehen. Morgen haben wir einen langen Tag vor uns.»

Anstatt ihnen von Herzen zu widersprechen, versuchte ich mich vorsichtig und diplomatisch aus der Umklammerung zu lösen. Schließlich stand ich einfach auf und ging.

Im Bett lag ich auch an diesem Abend noch sehr lange wach. Viele komplizierte Gefühle tobten in mir. Ich überlegte mir eine Reihe scharfer Repliken, die ich den beiden Schwestern hätte entgegenschleudern sollen. Ihre Meinung war typisch für die Generation meiner Eltern. Und eine solche blinde Predigt jemandem gegenüber zu halten, den sie nicht einmal gut kannten, empfand ich als Unverschämtheit.

Am nächsten Tag flogen wir nach Japan zurück. Ich erfuhr später, dass Herr Tanaka den Schwestern aus Osaka ein üppiges Mittagessen spendiert hatte, natürlich als Gegenleistung für ihren Beistand während der ganzen Reise. Wie ich vermutet hatte, waren sie Komplizen gewesen!

So weit ich weiß, ist Herr Tanaka noch nicht nach Venedig umgezogen, vielmehr wohnt er weiterhin in Japan und reist immer wieder mal mit einer Reisegruppe nach Italien. In unserer Firma aber wird stets ein männlicher Reiseleiter die Reise führen, wenn Herr Tanaka daran teilnimmt. Von den Schwestern habe ich nie wieder gehört.

Skandal in Auerbachs Keller

Meine Reisegruppe bestand aus fünfzehn Geschäftsleuten, die zu einer Fachmesse nach Leipzig angereist waren. Die Aufgabe einer Reiseleiterin gestaltet sich bei solchen Geschäftsreisen meistens nicht sehr schwierig. Tagsüber sind die Teilnehmer normalerweise auf der Messe unterwegs, sammeln Informationen oder besuchen Messeveranstaltungen. Die meisten können einigermaßen gut Englisch sprechen, das heißt, dass sie wenig Hilfe von mir benötigen. Ich muss höchstens im Notfall sprachliche Hilfe leisten und bin für die Essensarrangements am Abend zuständig oder leite hin und wieder eine kleine Führung, wenn eine Stadtrundfahrt vor oder nach den Messeveranstaltungen geplant ist. Dieser Part ist nicht sehr anstrengend.

Aber Geschäftsreisen haben oft eine andere negative Begleiterscheinung. Aus Geschäftsleuten bestehende Reisegruppen haben meist fast ausschließlich männliche Teilnehmer und die Abende enden oft in feuchtfröhlichen Ausschweifungen. Ich selbst vertrage keinen Alkohol, und daher langweile ich mich meistens zu Tode. Und wer sitzt schon gern mit Betrunkenen zusammen? Denn zu einer normalen Unterhaltung sind sie in der Regel nicht mehr fähig. Man hat eher das Gefühl, als säße man einem kaputt gegangenen Lautsprecher gegenüber. Dazu kommt, dass der eine oder andere versucht, meine Aufmerksamkeit zu gewinnen, mich sogar in sein Zimmer einzuladen und abzuschleppen. Auch wenn Japaner als sehr höflich gelten, Männer sind nun mal Männer. In betrunkenem Zustand können sie ganz schön aufdringlich sein. «Nein» zu sagen, ohne den Kunden gegenüber unhöflich zu sein und ohne sie zu beleidigen, ist keine leichte Aufgabe. Nach unseren Firmenvorschriften durften wir es niemals zu einem Streit zwischen uns und den Kunden kommen lassen. Aber mit den Kunden zu schlafen, gehört sicher nicht zu unseren Aufgaben.

Die Gruppe, die ich dieses Mal nach Leipzig führte, war glücklicherweise relativ anständig, mit Ausnahme einer Person. Und das war ausgerechnet der Chef, Herr Ogura. Er machte oft anstößige und vulgäre Bemerkungen und verhielt sich mir und den anderen Teilnehmern gegenüber hochnäsig und arrogant. Sein Lieblingssatz war: «Immer her damit, wenn es nichts kostet.» Zu allem Überfluss roch er auch noch unangenehm aus dem Mund. Ich hatte ihn schon vor der Reise bei einer Vorbesprechung in seinem Büro kennengelernt. Für dieselbe Firma hatte ich bereits mehrere Gruppen auf Geschäftsreisen begleitet. Bisher hatte ich immer das Glück, den sehr netten, kultivierten Herrn Tanabe als

Gruppenleiter dabei zu haben. Und meine Enttäuschung war groß, als ich erfuhr, dass diesmal Herr Ogura die Reise als Vorgesetzter begleiten würde. Ich tröstete mich damit, dass der Messebesuch nicht unbedingt mit dem Chef steht oder fällt. Wenn die Messe für die Reiseteilnehmer erfolgreich verläuft, ist es ganz egal, wer die Gruppe führt.

Trotzdem fühlte ich mich etwas unwohl, denn Herr Ogura machte mir einen recht unsympathischen Eindruck. Er verteilte jeden Tag äußerst umständlich anstehende Aufgaben an die Gruppenmitglieder und informierte jeden einzeln darüber, zu welchem Seminar oder zu welcher Veranstaltung er zu gehen hatte. Er selbst hingegen nutzte die Zeit oft für private Vergnügungen. Manchmal schlief er bis in den Nachmittag hinein, besuchte abends Konzerte, und einmal unternahm er sogar einen ganzen Tag lang einen Ausflug nach Dresden. Ich musste alles eigens für ihn organisieren. Er fuhr nur erster Klasse, aß ausschließlich in Spitzenrestaurants und genoss die Konzerte auf den besten und natürlich teuersten Plätzen. Er zwang mich zwar zum Schweigen, aber ich glaube kaum, dass er sein verschwenderisches Gebaren in Deutschland seiner Firma verbergen konnte. Im Gegensatz dazu hielt er die Teammitglieder zum Sparen an und lud sie nie zum Essen ein. Dabei gehen Chefs auf Geschäftsreisen normalerweise oft mit ihren Mitarbeitern essen und übernehmen die Rechnung. In der Regel können Vorgesetzte dafür großzügig Spesen abrechnen.

Unsere Zeit in Leipzig war fast vorbei, und die Reise ging ihrem Ende zu. Der Großteil der Messeveranstaltungen war vorüber, und die Teilnehmer waren alle sehr erleichtert und freuten sich auf die Heimreise. Am Tag vor der Abreise schlug Herr Ogura vor, das ganze Team in ein Restaurant in Leipzig einzuladen als Belohnung für die Anstrengungen. Es ging in den berühmten «Auerbachs Keller». Ich bestellte einen Tisch für sechzehn Personen, und Herr Ogura verkündete großspurig vor versammelter Mannschaft, dass er alle Kosten tragen werde. Wie großzügig von ihm! Dabei wusste ich genau, dass er mehr als genug Spesen bekam. Damit hätte er die Teilnehmer problemlos jeden Tag einladen können. Ehrlich gesagt, hegte ich den Verdacht, dass er sich die dafür vorgesehenen Spesengelder unter den Nagel gerissen und das Geld unterschlagen hatte. Wie dem auch sei – an diesem Abend wurde allen wohlverdient erlaubt, einmal so richtig über die Stränge zu schlagen.

Als wir, fünfzehn Männer und eine Frau an der Spitze der Gruppe, im Gänsemarsch ins Restaurant einzogen, alle mit dunkelblauem Anzug und Krawatte, erregten wir die Aufmerksamkeit aller Gäste. Die ganze Stadt war voll von Messeteilnehmern, und im Restaurant waren auch viele ausländische Geschäftsleute, aber die meisten trugen nach der Arbeit legere Freizeitkleidung. Meine Kunden bestellten alle ein frisch gezapftes Bier und stießen auf ihren erfolgreichen Messebesuch an.

«Prost!»

Das war das einzige deutsche Wort, das sie kannten. Dann machten sie sich über ihre üppigen Fleischgerichte her. Für eine Weile konzentrierten wir uns auf das Essen und gaben keinen Laut von uns. Nach dem letzten Bissen ging es übergangslos mit Trinken weiter. Das kostenlose Bier schmeckte natürlich besonders gut, jedenfalls wurden unaufhörlich neue Biere bestellt. Je mehr getrunken wurde, umso lebhafter wurde die Unterhaltung. Die Stimmung stieg. Ab einem gewissen Punkt jedoch waren die Gespräche nicht mehr sonderlich artikuliert. Man merkte, dass die Zungen schwerer wurden. Der Ablauf war mir wohlbekannt, und ich fing an, mich zu langweilen.

Plötzlich jedoch schrie eine Kellnerin wie am Spieß und riss mich aus meinen Gedanken. Ich traute meinen Augen nicht. Herr Ogura griff mit beiden Händen an die Brüste einer Kellnerin und knetete sie kräftig. Mir blieb die Spucke weg. Die Kellnerin war wutentbrannt. Ihr Gesicht zuckte. Herr Ogura aber war scheinbar viel zu betrunken, um die Situation richtig einordnen zu können. Wahrscheinlich hielt er ihr Geschrei für einen Ausdruck von Freude. Jedenfalls griff er erneut an ihren Busen. Fast im selben Moment aber fand er sich auf dem Hosenboden wieder. So kräftig war die Ohrfeige, die er sich damit eingefangen hatte.

«Du, Dreckskerl! Hände weg von mir! Sonst zeige ich dich an.»

Die Kellnerin platzte fast vor Zorn, sie zitterte am ganzen Körper.

«Wer trägt für den Mann hier die Verantwortung unter euch?», rief sie in die Runde.

Da niemand Deutsch verstand, reagierte keiner. Das machte sie noch ärgerlicher. Sie ballte die Fäuste, und ihr Gesicht lief jetzt gefährlich rot an.

«Ich bin für die Gruppe zuständig, und ich bin die Einzige, die Deutsch versteht», funkte ich dazwischen.

«Ach so! Und was sagen Sie dazu, was der Kerl gerade gemacht hat? Sie haben es selber gesehen. Woher kommt ihr überhaupt? Aus China, aus Korea? Ach, ihr kommt aus Japan? Ist bei euch sowas gesetzlich erlaubt, oder was?»

«Natürlich nicht», sagte ich kleinlaut.

Ich suchte verzweifelt nach den richtigen Worten und nach einer schnellen Lösung für diese peinliche Situation. Ich wollte die Kellnerin nicht erneut mit unbedachten Worten aus der Fassung bringen. Ausgerechnet in diesem Moment rappelte sich Herr Ogura wieder auf und griff erneut nach den Brüsten der Kellnerin. Der Kopf von Herrn Ogura schnellte zurück, als die Faust der Kellnerin ihn im Gesicht traf. Die anderen Restaurantgäste hielten den Atem an. Manche von ihnen schrien dazwischen.

«Ich rufe jetzt die Polizei», kreischte die Kellnerin. «Mir reicht's. Den nehmen die mit, das schwör ich euch. Der kommt mir nicht ungeschoren davon. Es gibt hier genug Augenzeugen.»

Ich versuchte zu erklären, dass Herr Ogura in den vergangenen Tagen extrem viel Stress hatte, dass er einfach zu viel getrunken hatte und so weiter. Die Kell-

nerin aber ließ sich nicht beruhigen. Die Gruppenmitglieder folgten unserem Wortwechsel, indem sie ihre
Köpfe hin und herwendeten, von mir zur Kellnerin und
von der Kellnerin wieder zu mir, wie die Zuschauer bei
einem Tennisspiel. Herr Ogura, der sich aus eigener
Kraft wieder auf seinen Stuhl hochgehievt hatte, feixte
der Kellnerin dummerweise auch noch zu. Das ver-
schärfte die Situation erneut.

«Du bist ja ein ganz obszöner Typ. Dich darf man
nicht frei herumlaufen lassen.»

Die Bedienung lief los und verschwand in einem
Nebenraum, um die Polizei zu rufen. Da tauchte der
Geschäftsführer des Restaurants auf.

«Was ist denn hier los? Hat eine unserer Bedienun-
gen Ihnen Unannehmlichkeiten bereitet?», erkundigte er
sich höflich bei uns.

Gerade als ich antworten wollte, zog er einen anderen Kellner, der gerade vorbeilief, zu sich.

«Wer ist denn für diese Gruppe zuständig?»

«Ich bin für die eingeteilt», zischte Brigitte, die
schon wieder aufgetaucht war.

Sie sprudelte wie ein Wasserfall und berichtete ihrem Chef, was gerade passiert war. Sie erklärte, dass sie
bereits die Polizei gerufen habe, um Anzeige zu erstatten. Der Geschäftsführer war entsetzt.

«Aber Brigitte, Du darfst dich nicht so schnell mit
unseren Gästen in die Haare kriegen. Immer sachte.»

«Was heißt hier sachte, Chef? Der japanische
Lustmolch gehört ins Kittchen», schrie sie.

Ich fühlte, wie sich die Blicke der anderen Gäste im Restaurant auf uns richteten.

«Brigitte, der Herr ist unser Gast, und er ist nur betrunken. Beruhige dich, und wir behandeln die ganze Geschichte in aller Ruhe», versuchte der Geschäftsführer Brigitte zu beschwichtigen.

Ich hoffte, dass sich durch das Auftauchen des Chefs die Wogen wieder glätten ließen. Doch meine Hoffnung war trügerisch. Denn auf einmal kamen zwei gelangweilt dreinblickende Polizisten in das Restaurant.

«Oh, Mist», dachte ich.

«Was ist hier los? Dürfen wir den Grund erfahren, warum wir gerufen wurden? Und haben Sie auch etwas zu sagen, Herr …?», wandte sich einer der Polizisten an Herrn Ogura.

«Der Mann hat bestimmt nichts zu sagen», mischte sich Brigitte ein. «Erstens spricht er kein Wort Deutsch, und zweitens ist er stockbesoffen. Wenn Sie von dem unbedingt was wissen möchten, müssen Sie mit der Frau da reden. Das ist die Reiseleiterin, die den Scheißkerl nach Deutschland in unser Lokal gebracht hat.»

Als Opfer ließ es sich Brigitte dann natürlich nicht nehmen, als erste von dem unsäglichen Vorfall zu berichten. In ihrer Schilderung des Ereignisses trug sie mächtig dick auf. Dann durfte ich meine Sicht der Dinge vortragen.

«Wir sind seit einer Woche hier in Leipzig, um die Messe zu besuchen. Morgen ist unser letzter Tag, und wir sind alle ein bisschen erleichtert, dass wir die anstrengenden Arbeitstage bald hinter uns haben. Herr

Ogura ist der Chef unserer Gruppe und stand unter besonders großem Stress. Heute wollten wir hier die Reise fröhlich ausklingen lassen. Ich muss zugeben, dass er viel zu viel getrunken und deswegen Mist gebaut hat. Ich kenne ihn persönlich nicht gut, aber bisher hat er sich stets ganz anständig verhalten. Ich hoffe, dass Sie ihm sein Verhalten nachsehen. Ich lasse ihn morgen, wenn er nüchtern genug ist, hierherkommen, damit er sich persönlich entschuldigen kann.»

«Entschuldigungen auf Befehl anderer Menschen brauche ich nicht», sagte Brigitte eingeschnappt. «Ich hoffe nur, dass der Kerl seine angemessene Strafe bekommt. Kann jemand verstehen, wie gedemütigt man sich fühlt, wenn einem in aller Öffentlichkeit an den Busen gegrapscht wird?»

Ich konnte mir sehr gut vorstellen, wie Brigitte sich fühlte. Wenn mir so etwas widerfahren wäre, wahrscheinlich hätte ich genauso reagiert wie sie. Auch wenn jemand betrunken ist, darf man nicht alles durchgehen lassen. Aber ich brachte es andrerseits auch nicht über mich, einen meiner Gäste in dieser Situation im Stich zu lassen. Als Reiseleiterin war ich für die ganze Gruppe verantwortlich.

Die Polizisten schienen den Vorfall nicht sonderlich ernst zu nehmen. Sie nahmen der Form halber die Personalien aller Beteiligten auf und verließen dann das Restaurant. Brigitte war mittlerweile vom Tatort verschwunden. Herr Ogura kauerte mit Unschuldsmiene auf seinem Stuhl. Es herrschte betretenes Schweigen. Der Restaurantchef sprach als erster.

«Brigitte ist heute eine Laus über die Leber gelaufen. Ich entschuldige mich dafür, dass sie Ihren Gast geschlagen hat. Das hätte auch nicht passieren dürfen. Klar, was er getan hat, war alles andere als o.k. Aber wir schenken Alkohol aus, und da muss man manchmal damit rechnen, dass Menschen sich nicht mehr ganz im Griff haben. Brigitte ist eine unserer erfahrensten Kellnerinnen. Sie weiß, wie sie mit Gästen umzugehen hat. Ich kümmere mich jetzt um sie und werde die Sache wieder in Ordnung bringen. Am besten gehen Sie jetzt. Das ist für alle Beteiligten wahrscheinlich die beste Lösung.»

Ich bezahlte das Essen und die Getränke und gab Brigitte ein großzügiges Trinkgeld als kleine Entschädigung. Verschämt gingen wir an den anderen Gästen vorbei und flüchteten ins Freie.

Draußen regnete es so heftig, als hätte jemand einen riesigen Eimer Wasser über die Erde ausgekippt. Durch den Regen fühlte ich mich noch erbärmlicher. Mit schweren Schritten gingen wir zum Hotel zurück. Herr Ogura musste gestützt werden, da er keinen Meter geradeaus laufen konnte. Während der Vizechef, Herr Harada, ihn in sein Zimmer brachte, blieben wir anderen ratlos in der Hotellobby. Niemand sagte etwas. Aber es ging auch keiner auf sein Zimmer. Nachdem Herr Harada zurückgekommen war, schlug er vor, ohne Herrn Ogura noch auf einen Drink in die Hotelbar zu gehen. Nach und nach hellte sich die Stimmung auf.

«Wir entschuldigen uns bei Ihnen für die Unannehmlichkeiten, die Herr Ogura Ihnen bereitet hat», sagte Herr Harada. «Und wir danken Ihnen dafür, wie Sie sich für Herrn Ogura und uns eingesetzt haben. Es wäre schrecklich gewesen, wenn unser Chef im Ausland verhaftet worden wäre. Wenn ich daran denke, klopft mir jetzt noch das Herz.»

Die anderen stimmten mit ein.

«Das war, mit Verlaub, absolut unklug von ihm. Eine Schande. So was hätte nie passieren dürfen.»

«Ja, eine richtige Schande ist das.»

«Wir sollten keine schmutzige Wäsche vor Ihnen waschen, aber wir waren alle nicht mit Herrn Ogura zufrieden. Es fiel uns schwer, ihn als Chef zu akzeptieren, das ging uns völlig gegen den Strich.»

«Die Rolle als Gruppenchef fiel ihm in den Schoß, weil Herr Tanabe, wie Sie wissen, einen noch wichtigeren Termin hatte. Herr Tanabe hätte Herrn Oguras Persönlichkeit besser einschätzen müssen. Aber nach oben buckelt er immer sehr schön, der feine Herr Ogura.»

«Wir tragen ja auch eine gewisse Mitschuld, wir hätten uns seiner Ernennung widersetzen können. Jetzt haben wir den Salat. Aber das ist alles nicht leicht. Er ist der Älteste in der Gruppe.»

Nach und nach wurde ich in Oguras Lebensgeschichte eingeweiht. Er war mittlerweile 56, seine Eltern schienen Bauern gewesen zu sein. Er hatte sein Studium an einer sehr bekannten Universität in Tokio mit Hilfe eines Stipendiums abgeschlossen und fand danach bei der jetzigen Firma eine Anstellung, wo er seither ununterbrochen arbeitete. Er kletterte zügig die Karriereleiter hinauf. Bei den Leuten im Top-Management hatte er offensichtlich einen Stein im Brett.

Herr Ogura heiratete eine sehr schöne Frau, als er 27 Jahre alt war. Niemand verstand, wie er sich diese Frau hatte angeln können. Aber die der Ehe verlief nicht glücklich. Wahrscheinlich, weil er sich zu sehr um seine Arbeit kümmerte und seine Frau vernachlässigte. Ein Seitensprung wurde ihm schließlich zum Verhängnis. Seine Frau reichte die Scheidung ein. Herr Ogura verlor alles: seine Frau, seine Familie, sein Vermögen, das er als Schmerzensgeld für seinen Ehebruch zahlen musste, und auch noch seine damalige, 20-jährige Freundin. Nach der Scheidung flehte er seine Frau offensichtlich an, zu ihm zurückzukehren. Aber sie ließ sich nicht mehr erweichen. Er konnte sich von da an nicht mehr auf die Arbeit konzentrieren. Seine Leistung ging erheblich zurück. Die Schuld schob er entweder seiner Frau oder seinen Mitarbeitern zu. In der Firma stieg er nicht weiter auf, im Gegenteil: Er wurde degradiert. Dann begann er mit dem Trinken.

«Wir vermuten, dass Herr Tanabe Herrn Ogura nochmal eine Chance geben wollte. Das ist der einzige plausible Grund, warum er Herrn Ogura zum Gruppenchef dieser Reise ernannt haben könnte.»

Nachdem alle sich ausreichend über Herrn Ogura beschwert hatten, waren sie endlich bereit, ins Bett zu gehen. Sie waren einhellig der Meinung, Herr Ogura müsse am nächsten Tag noch einmal «Auerbachs Keller» aufsuchen, um sich zu entschuldigen. Ich hatte, ehrlich gesagt, keine rechte Lust dazu, aber alle sagten, sie schämten sich als Japaner für Herrn Oguras unglaubliches Verhalten.

Am letzten Tag stand nur noch wenig Programm an. Die Gruppenmitglieder waren ausnahmslos rechtzeitig im Frühstücksraum, vermutlich aus purer Neugier. Niemand wollte verpassen, wenn Herr Ogura auftauchte.

«Ich bin mir sicher, dass er seine Schuld in Abrede stellen wird.»

«Ich kann mir nicht vorstellen, dass Herr Ogura seinen Fehler zugeben wird. Es stört ihn nicht, dass er uns das Abendessen gestern verleidete. Wahrscheinlich erinnert er sich nicht mal mehr.»

Viele unterschiedliche Meinungen waren zu hören. Dann kam Herr Ogura als letzter in den Frühstücksraum. Alle Augen waren auf ihn gerichtet.

«Guten Morgen. Ich weiß nicht warum, Frau Reiseleiterin, aber ich habe um das rechte Augen herum und am Kopf starke Schmerzen, als ob mich jemand geschlagen hätte oder ich auf der Treppe ausgerutscht wäre. Gibt es hier in der Nähe eine Apotheke, wo ich ein Pflaster kaufen kann?»

Stellte er sich nur dumm, oder konnte er sich wirklich nicht erinnern? Aber Herr Ogura sah aus, als ob er total ernst meinte, was er gerade gesagt hatte. Ich blickte Herrn Harada an, um ihn zum Sprechen zu ermuntern.

«Bitte erzählen Sie ihm, was gestern im Restaurant passiert ist. Und bitte machen Sie ihm klar, woher er diese Schmerzen hat!», hoffte ich innerlich.

Es war die Aufgabe des Vizechefs, Herrn Ogura über den wahren Sachverhalt aufzuklären. Aber zu meiner Überraschung schaute Herr Harada auf den Boden und verlor kein Wort über das gestrige Ereignis. Von den großen Sprüchen von gestern Abend war nichts übrig geblieben. Niemand wagte es, Herrn Ogura die Wahrheit zu sagen. Ein großes Mattigkeitsgefühl überkam mich. Mir wurde klar, was das Ende vom Lied sein würde: Ich würde allein, ohne Herrn Ogura, zum Restaurant gehen, vielleicht mit einem kleinen Geschenk, und mich für das Ereignis gestern entschuldigen.

Ich war sehr enttäuscht. Kein einziges Teammitglied fand den Mut, den Vorfall anzusprechen. Also ging ich tatsächlich allein zu «Auerbachs Keller». Brigitte war schon da.

«Was wollen Sie denn schon wieder von mir?», fuhr sie mich an. «Hat er Sie als Botin geschickt? Hauen Sie bloß ab, Ihr könnt mir alle gestohlen bleiben. Ich möchte Ihr Gesicht nicht länger sehen.»

Ich murmelte eine knappe Entschuldigung und verschwand, so schnell ich konnte, aus dem Lokal.

Als wir im Flughafen aufs Einsteigen warteten, saß Herr Ogura allein in einer Ecke. Das restliche Team hatte sich von ihm abgesondert. Man strafte ihn mit Gleichgültigkeit. Irgendwie konnte er einem leidtun. Wie es mit ihm weiterging, habe ich nie erfahren. Ich hörte nie wieder etwas von ihm.

Liebe, Cola und Kartoffelchips

Jedes Jahr während der Sommerferien veranstaltete eine japanische Mädchenschule einen Englisch-Kurs in den USA. Die Teilnehmerinnen blieben drei Wochen lang bei amerikanischen Gastfamilien. An den Wochentagen hatten sie Unterricht. Am Ende unternahmen sie gemeinsam noch eine kleine Rundreise. Insgesamt waren es über hundert Mädchen im Alter von sechzehn oder siebzehn Jahren, die in vier Gruppen aufgeteilt und von vier Reiseleiterinnen betreut wurden.

Unsere Aufgabe bestand darin, die Mädchen in ihren Gastfamilien zu unterstützen und ihnen bei Sprachproblemen behilflich zu sein. Diese Arbeit war oft sehr entspannt: Siebzehnjährige beschweren sich nicht besonders häufig und passen sich normalerweise rasch an die neue Umgebung an. Auch wir Reiseleiterinnen wohnten während des Aufenthaltes bei Gastfamilien. An Veranstaltungen wie Barbecueparties, Picknicks und Ausflügen, die an den Wochenenden stattfanden, nahmen wir ebenfalls teil. Solange es zu keinen Konflikten zwischen den Mädchen und den Gastfamilien kam, war diese Reisebegleitung ziemlich unaufgeregt und einfach.

Diesmal führte uns die Reise nach Los Angeles. Meine «Gastfamilie» bestand aus einer alleinstehenden Frau. Sie war 42 Jahre alt, hatte rote Haare und hieß Jane. Sie lebte vollkommen allein, hatte keinen Freund und auch keine Haustiere. Während ich bei ihr wohnte, fuhr sie zwar jeden Tag zur Arbeit, ging aber sonst kein einziges Mal aus. Sie war recht nett, vielleicht ein bisschen schüchtern und eigenbrötlerisch. Beim Essen oder Fernsehen wechselten wir kein einziges Wort. Nun gut, damit konnte man leben. Aber was mich denn doch störte, war das Essen, das sie mir anbot.

Unsere Gastfamilien bekamen Geld von der Schule, um den Gast aus Japan gut zu versorgen. Wir aßen prinzipiell drei Mal am Tag in der Familie. Natürlich hatte jede Familie ihre eigenen Gepflogenheiten und ganz unterschiedliche Ernährungsgewohnheiten. Man konnte Glück oder auch Pech haben. Deshalb hegte ich in Bezug auf das Essen auch nie großartige Erwartungen, wenn ich in die USA fuhr. Wer kommt schon auf die Idee, wegen des Essens in die USA zu fahren?

Als ich Jane kennenlernte und sie mir ihre Wohnung zeigte, hätte ich schon stutzig werden können. Das Haus war sehr sorgfältig geputzt. Janes Küche jedoch war geradezu unnatürlich sauber, so als wäre sie nie benutzt worden. Es gab nur einen sehr kleinen Kühlschrank, für Amerikaner völlig ungewöhnlich. Von meinen vergangenen Reisen in die USA wusste ich, dass man alles dutzendweise kaufte und die Packungen und

Flaschen mindestens doppelt so groß waren wie in Japan. Im Kühlschrank hatte Jane überraschenderweise weder Cola noch Eis, aber es waren auch kein Gemüse oder andere Zutaten darin. Der Kühlschrank war so gut wie leer. Vielleicht hätte ich schon daraus schließen sollen, dass Jane nicht gern kochte. Aber ich vermutete, dass sie geplant hatte, mit mir gemeinsam einkaufen zu fahren, um mir meine Lieblingsspeisen anbieten zu können. Aber sie fuhr mich weder zum Supermarkt, noch fragte sie je nach meinem Lieblingsessen. Ganz im Gegenteil. Es hätte nicht schlimmer kommen können. Ich bekam eine Woche lang jeden Tag nichts anderes als eine Schüssel Müsli zum Frühstück, zwei Scheiben Toastbrot mit Erdnussbutter als Mittagessen und eine Tüte Kartoffelchips am Abend. Jeden Tag das gleiche! Keine einzige Abwechslung. Mit dieser Kost war ich natürlich alles andere als zufrieden. Andererseits bestand ein Teil meiner Aufgabe darin, die Mädchen davon zu überzeugen, nicht zu wählerisch zu sein und sich der Gastfamilie anzupassen. Deswegen sagte ich mir jeden Tag aufs Neue: Du musst mit dem angebotenen Essen zufrieden sein. Stell dich nicht so an. Die amerikanischen Gastfamilien waren schließlich nicht verpflichtet, jeden Tag etwas Besonderes aufzutischen. Viele Ehefrauen in Los Angeles arbeiteten Vollzeit, sie hatten an Werktagen keine Zeit, üppige Mahlzeiten zuzubereiten. Auch Jane war berufstätig, das war mir klar, aber trotzdem ... Eines Tages, als ich schon begann, von Essen zu träumen – von einer Schüssel voll herrlich duftendem, dampfendem Reis – hielt ich es nicht mehr aus. Ich nahm allen Mut zusammen.

«Bitte, Jane, fass' es nicht falsch auf, aber ich möchte sehr gern einmal etwas Warmes oder Gekochtes essen. In Japan essen wir oft drei Mal am Tag warm. Deswegen vermisse ich warmes Essen. Kartoffelchips gelten bei uns leider nicht als Mahlzeit.»

Ich schlug ihr vor, ihr etwas Japanisches als Dankeschön zu kochen. Sie wollte aber nicht, dass ich extra Zutaten einkaufte, die am Ende nur übrig blieben, weil Jane sie ganz gewiss nicht weiter benutzte. Also gaben wir diesen Plan wieder auf. Sie versprach mir aber, am Abend etwas Richtiges zu kochen.

Zur Mittagszeit saß ich mit einigen Mädchen auf dem Rasen vor der Schule. Die Mädchen verglichen, was sie zu Mittag von ihren Gasteltern zu essen eingepackt bekommen hatten.

«Das glaube ich nicht! Die Karotte, der Blumenkohl und der Brokkoli im Salat sind roh! Meine Gastmutter glaubt wohl, ich bin ein Hase!»

«Auf meinem Sandwich gibt es ein richtig dickes Steak! So ein gigantisches Sandwich habe ich noch nie gesehen. So viel Mayonnaise und Ketchup, das ist ja unmenschlich! Das Zeug schmeckt ja nur noch nach Mayonnaise und Ketchup!»

«Ich habe in der Tüte Toastbrot und zwei Tafeln Schokolade. Wie soll ich das essen? Soll ich die Schokolade aufs Brot legen? Und natürlich zwei Dosen Cola dazu. Im Kühlschrank bei meiner Gastfamilie gibt es nur fünf 2-Liter Flaschen Cola und mindestens zwei

Dutzend Bierdosen. Niemand trinkt Wasser, Tee oder Obstsäfte. Schon zum Frühstück trinken alle Cola. Meine Mutter in Japan beschwert sich immer, wenn ich Cola trinken möchte. Sie sagt, dass sich davon die Knochen auflösen. Hier darf ich soviel Cola trinken, wie ich will, hier gibt es ja nichts anderes als Cola.»

«Meine Familie hat mich gestern in ein Restaurant eingeladen. Dort haben alle unglaublich viel gegessen. Mein Magen war so voll, dass er schier platzte, aber ich musste zusätzlich noch einen riesigen Eisbecher verdrücken. Ich konnte einfach nicht ablehnen. Ich wollte ja nicht unhöflich sein, aber es war eine richtige Qual für mich. Und die wollten dann sogar noch mehr Nachtisch bestellen. Ich verstehe jetzt, warum Amerikaner so dick sind. Ihre Mägen sind doppelt so groß, und einen zweiten Magen nur für Süßigkeiten haben sie offenbar außerdem!»

Ganz aufgeregt sprachen sie durcheinander, und ich hörte zu. Wenn die wüssten, wie es mir ging. In Gedanken entlud ich meinen Ärger auf die unschuldigen Schülerinnen. *Wisst Ihr eigentlich, wie viel Glück Ihr habt? Ihr kriegt wenigstens was Richtiges zu essen: Gemüse und sogar Fleisch. Worüber beschwert Ihr euch überhaupt? Ich kriege jeden Tag zwei Scheiben Brot mit Erdnussbutter. Auch im Gefängnis könnte es nicht schlimmer sein.* Aber, Gott sei Dank, heute Abend würde es etwas Vernünftiges geben. Endlich! Die Vorfreude darauf besänftigte meinen ungerechten Zorn auf die Mädchen um mich herum.

Am Abend setzte ich mich hoffnungsvoll an den Tisch. Auf Janes Platz stand wie immer eine Tüte Kartoffelchips. Als ich sah, dass auf meinem Platz ein Teller stand, und als ich die Geräusche klappernden Geschirrs in der Küche hörte, hätte ich vor Freude am liebsten Luftsprünge gemacht und getanzt. Ein paar Minuten später kam Jane herein. Auf einem Teller balancierte sie eine gekochte Kartoffel. Ich traute meinen Augen nicht: eine einfache gekochte Kartoffel. Das war alles. Ohne Mayonnaise, ohne Ketchup, ohne Butter, ohne alles, nur eine Kartoffel mit Schale. Ist es das, was Jane für heute Abend versprochen hatte? Hält Jane eine gekochte Kartoffel für ein vollständiges Gericht? Hatte ich davon über eine Woche lang geträumt? Der Anblick der einsamen Kartoffel auf meinem Teller verschlug mir die Sprache. Neben dem Teller fand ich weder Messer noch Gabel. Sollte ich die heiße Kartoffel mit der bloßen Hand essen? Durfte ich Jane um ein bisschen Salz bitten? Oder hatte sie vielleicht gar kein Salz im Haus? Das wäre gut möglich gewesen. Bodenlos enttäuscht war ich buchstäblich sprachlos.

Glücklicherweise fand Jane irgendwo im Regal versteckt hinter einem Teller etwas Salz. Von da an bekam ich jeden Tag eine gekochte Kartoffel. Nicht weniger und auch nicht mehr. Kartoffeldiät nennt man so etwas wohl. Für Jane schien Essen keine Freude zu sein, sondern stellte eine pure Notwendigkeit zum Überleben dar. Ich brauche es vielleicht nicht extra zu erwähnen, aber ich nahm bei Jane etwa fünf Kilogramm ab. Das war die wirkungsvollste Diät, die ich je gemacht habe.

Doch dieser kulinarische Fehlschlag verblasste neben dem zweiten großen Problem, das sich auf dieser

Reise für mich auftat. Als der Aufenthalt bei den jeweiligen Familien langsam dem Ende zuging, wurde eine große Abschiedsparty veranstaltet. Fast alle Mädchen waren halb in Tränen aufgelöst, weil sie ihre Gastfamilien bald verlassen mussten. Der Abschied war immer der schwierigste Moment für uns auf der ganzen Reise. Am Anfang vermissten alle Schülerinnen ihre Familien in Japan. Und nach drei Wochen vermissten sie ihre neue amerikanische Familie, mit der sie sich aufgrund der Sprachbarriere eigentlich nie richtig verständigen konnten. Der Abschied jedenfalls war immer herzzerreißend. Und dieses Mal stand uns ein richtiges Drama bevor. Gegen Ende der Party überraschte uns eine Schülerin namens Emi mit dem Entschluss, nicht nach Japan zurückkehren zu wollen. Sie hätte sich entschieden, bei ihrer Gastfamilie in den USA zu bleiben. Wir trauten unseren Ohren nicht.

Emi war ein heiteres und freundliches Mädchen und allen gegenüber sehr höflich – eine richtige Musterschülerin. Häufig war sie auch die Wortführerin in ihrer Gruppe. Ich konnte mir gar nicht vorstellen, was sie antrieb, so unvernünftig zu handeln. Aber sie wiederholte immer nur das gleiche.

«Ich möchte nicht mehr nach Japan zurück. Ich bin fest entschlossen, hier zu bleiben.»

Als der Lehrer, der unsere Gruppe begleitete, und ich den Ernst in Emis Gesicht sahen, wurden wir unruhig. Plötzlich brüllte Herr Hayakawa los.

«Emi, wenn du das machst, wirst du sofort von der Schule geworfen!»

«Das ist mir ja sogar recht. Ich möchte sowieso nicht mehr in diese Schule. Und was man über mich sagen wird, ist mir vollkommen egal!»

«Was redest du denn da? Wenn du dich so unmöglich verhältst, bringst du uns alle in Schwierigkeiten, und wir können vielleicht nie wieder so einen Ausflug in die USA veranstalten. Denk doch auch mal an deine jüngeren Schulkolleginnen, die in Zukunft an diesem Programm teilnehmen möchten.»

Herr Hayakawa hatte so laut geschrien, dass die anderen Partygäste bereits aufmerksam geworden waren. Ich mischte mich ein.

«Emi, ich bin sicher, dass du diesmal bei deiner Gastfamilie eine sehr schöne Zeit verbracht hast. Ich verstehe, dass dir der Abschied schwerfällt. Aber das Programm geht leider zu Ende. Deine eigene Familie freut sich auf deine Heimkehr. Vergiss das nicht. Und du kannst deine amerikanische Familie bestimmt wieder besuchen, wenn du auf die Universität gehst. Studenten haben sehr lange Ferien. Du kannst ein bisschen arbeiten und Geld verdienen, um in die USA zu fahren. Ich empfehle dir, dass du die Situation nicht noch komplizierter machst.»

Ich versuchte, sie zum Einlenken zu bringen und sie zur Abreise mit uns zu bewegen. Aber sie blieb stur:

«Egal, was du sagst, ich fliege nicht mehr nach Japan zurück. Und wenn Ihr Euch auf den Kopf stellt! Kapiert Ihr denn nicht, dass mein Entschluss feststeht? Und ich habe einen guten Grund, nicht mehr nach Japan zurückzukehren. Ich werde nämlich heiraten! Ben machte mir gestern einen Antrag und ich habe Ja gesagt. Wir lieben uns.»

Jetzt war es raus. Sie war verliebt. Verliebte mit Vernunftargumenten von etwas zu überzeugen zu versuchen, war immer ein nahezu aussichtsloses Unterfangen. Aber wir konnten natürlich auch nicht einfach nichts tun. Das Kind war sechzehn!

«Den Benjamin in deiner Gastfamilie willst du heiraten?»

«Ja, den Benjamin.»

«Du kennst Benjamin seit drei Wochen. Was hast du denn da von ihm kennengelernt? Ihr könnt euch noch nicht einmal problemlos unterhalten. Ben versteht kein Japanisch, und dein Englisch ist auch nicht gerade perfekt. Du kannst doch seine Persönlichkeit gar nicht richtig beurteilen, oder? Wie kannst du auch nur einen Augenblick glauben, dass er sich ernsthaft in dich verliebt hat?»

Ich versuchte meine Meinung möglichst vorsichtig zu formulieren. Ich wollte Emis Gefühle und ihren Stolz nicht verletzen. Ihr Englisch reichte gerade aus, sich verständlich zu machen. Wie hätte da ein ernsthaftes Liebesverhältnis zwischen den beiden entstehen können?

«Ich habe doch schon erzählt, dass Ben mir einen Antrag gemacht hat. Das ist eine klare Willensäußerung, oder etwa nicht?»

«Du darfst nicht alles glauben, was irgendein dahergelaufener ...», funkte Hayakawa dazwischen.

«Ben ist kein Dahergelaufener!»

Emis Gesicht lief rot an vor Wut. Herr Hayakawa versuchte erneut, sie von ihrem leichtsinnigen Vorhaben abzubringen und sie zum Einlenken zu überreden. Aber seine Worte hatten eher die gegenteilige Wirkung.

«Mach Dir klar, was du dabei riskierst, wenn du dich der vorübergehenden Freundlichkeit eines Unbekannten überlässt. Du verwechselst deine Eitelkeit mit Liebe. Einem Mädchen in deinem Alter kann solch eine leichtsinnige Entscheidung schnell zum Verhängnis werden. Du ruinierst dir dein ganzes Leben», sagte Hayakawa hastig.

Alle waren schockiert von Emis kühnem, plötzlichem Bekenntnis, und mit der netten und entspannten Atmosphäre auf der Party war es mit einem Mal vorbei. Die Party war zu Ende. Herr Hayakawa und ich fuhren zusammen mit Emi und Ben zu Bens Haus. Bens Eltern waren geschäftlich unterwegs. Ich hatte mitbekommen, dass sie eine eigene Firma hatten und deswegen die meiste Zeit des Jahres auf Reisen waren. Daher kümmerte sich hauptsächlich Ben um Emi. Das machte verständlich, warum Emi so stark an Ben hing. Im Haus der Gastfamilie angekommen, redeten wir weiter auf Emi ein. Doch trotz aller Überredungskünste gab sie nicht nach. Darüber hinaus konfrontierte Emi uns mit einem weiteren, unerwarteten Problem.

«Herr Hayakawa und Schwester Keiko, Ihr könnt mich von meiner Entscheidung nicht mehr abbringen. Ich weiß genau, was ich will. Ich habe die Kinderschuhe abgelegt. Ich kann selbst für meine Zukunft sorgen.

Und außerdem kann ich gar nicht mehr nach Japan zurück, weil ich keinen Reisepass mehr habe.»

«Wie bitte? Du hast keinen Pass mehr? Was meinst du damit?», rief Hayakawa erregt.

«Damit meine ich, dass ich keinen Pass mehr habe, weil ich ihn weggeworfen habe. Wenn ich keinen Pass habe, kann man mich auch nicht zwingen, nach Japan zurückzufliegen. Oder könnt Ihr mich ohne Pass nach Japan schmuggeln? Das ist ja wohl verboten.»

«Du hast deinen Pass absichtlich weggeworfen? Wohin denn?»

«Ich habe ihn gestern in eine Abfalltonne geworfen. Ich weiß nicht, wohin man die Tonne gebracht hat. Jetzt wisst Ihr nicht mehr weiter, nicht wahr? Lasst mich in Ruhe. Wir lieben uns!», bekräftigte Emi noch einmal.

Sie kuschelte sich gekünstelt an Benjamin, der etwas verblüfft und verlegen mit einem breiten Reklamelächeln reagierte. Herr Hayakawa zitterte vor Zorn am ganzen Körper und brüllte auf Emi ein.

«Reiß dich bitte aus deinem dummen Traum. Das hier ist eine kleine Liebelei, nichts von Dauer!»

Emi stand plötzlich auf, sie warf Hayakawa und mir einen trotzigen Blick zu und schleppte Ben auf ihr Zimmer, wo sie sich mit ihm einschloss. Ratlos blickten Herr Hayakawa und ich uns an, dann folgten wir den beiden und klopften an die Tür. Ich rief durch die geschlossene Tür.

«Emi, wir wollen gar nicht sagen, dass Ben ein schlechter Kerl ist. Er ist ein netter Junge. Wenn er dir sagt, dass er dich liebt, dann liebt er dich wirklich. Aber deine Entscheidung, einfach hier zu bleiben, ist vorschnell. Es gibt viele Dinge, über die du unbedingt nachdenken solltest. Du kannst Ben später wieder besuchen, jederzeit! Wenn ihr euch wirklich liebt, bedeutet dieser kurzfristige Abschied nicht das Ende eurer Beziehung.»

«Schwester Keiko, bitte sei keine Schulmeisterin!», rief Emi zurück. «Hast du mal jemanden geliebt? Du bist wahrscheinlich nur neidisch auf mich, oder? Du kannst das gar nicht verstehen.»

«Du brauchst die Zustimmung deiner Eltern, wenn du jemanden heiraten möchtest. Du bist erst sechzehn und noch minderjährig. Du kannst nicht einfach machen, was du willst», mischte sich Herr Hayakawa mit zitternder Stimme ein, und er begann, vor der Tür stehend eine Rede über Gesetz, Pflicht und Moral zu halten.

Von drinnen aber hörten wir keinen Mucks. Die Situation war absurd. Wir warteten einige Minuten, dann machte Herr Hayakawa den Vorschlag, nach Emis Pass zu suchen.

«Wo sollen wir denn danach suchen?»

«Wir fangen bei den Mülltonnen an.»

«Ist das Ihr Ernst?»

Es war sinnlos, auf diese Frage eine Antwort zu erwarten. Herr Hayakawas Gesichtsausdruck zeigte eine wilde Entschlossenheit. Er stürmte die Treppe nach unten und ich hinter ihm her. Gleich am Hinterausgang standen drei riesige Tonnen. Als ich unten ankam, sah ich Herrn Hayakawa schon mit halbem Oberkörper in der ersten Tonne verschwinden. Mit bloßen Händen wühlte er im Unrat. Als er wieder auftauchte, war sein Gesicht feuerrot angelaufen. Offensichtlich hatte er, während er in der Tonne gekramt hatte, die ganze Zeit über die Luft angehalten.

«Nichts. Hier drin ist kein Pass», verkündete er wie ein Häuflein Elend. In diesem Moment tat mir Herr Hayakawa plötzlich leid. Natürlich war dies auch für ihn persönlich eine schwierige Situation. Zu Hause in Japan würde eine Art Inquisitionsgericht begierig darauf warten, ihn zu verurteilen und zu bestrafen. Als Lehrer trug er die Verantwortung für die Schülerinnen. Die Schuld an diesem Vorfall würde also zumindest teilweise auf ihn zurückfallen. Herr Hayakawa beugte sich schon über die zweite Tonne, da hörten wir aus dem Inneren des Hauses Stimmen.

«Was machen Sie denn da in unserer Mülltonne?»

Erschrocken blickte ich mich um und sah Bens Eltern im Türrahmen stehen. Schwer zu sagen, wer verblüffter dreinblickte, ich oder sie.

«Wir suchen nach Emis Pass», sagte ich grußlos, nachdem ich den ersten Schrecken überwunden hatte.

«Nach wessen Pass?»

«Emis Pass», wiederholte ich.

«Verdammt, hier ist auch nichts», rief Herr Hayakawa aus der Tonne, der noch gar nicht mitbekommen hatte, dass Bens Eltern direkt hinter ihm standen. Er drehte sich zu mir und blieb dann, wieder mit hochrotem Kopf, wie zur Salzsäule erstarrt stehen.

«Ich denke, Sie können uns wahrscheinlich in aller Ruhe erklären, was das alles zu bedeuten hat. Und wo ist eigentlich Ben?», fragte die Mutter.

«Er hat sich zusammen mit Emi in seinem Zimmer eingeschlossen», antwortete Herr Hayakawa, dessen Gesicht – dieses Mal allerdings vor Scham – immer noch rot war.

Drinnen im Wohnzimmer, als wir gleichmäßig verteilt in der edlen Sitzgruppe aus dunklem Leder saßen, erzählten wir Bens Eltern ausführlich die ganze Geschichte. Glücklicherweise waren sie, entgegen meiner Befürchtung, sehr verständige Menschen, die vollkommen unserer Meinung waren.

«Wie bitte? Ben hat Emi einen Antrag gemacht? Das können wir gar nicht glauben. Ben hat sich zwar um Emi sehr gekümmert, aber eher so wie ein älterer Bruder. Mehr ist da nicht. Wir arbeiten beide und sind sehr oft unterwegs. Deswegen kocht Ben sogar häufig für Emi. Übrigens hat Ben eine Freundin, mit der er schon drei Jahre zusammen ist. Und Emi hat sie am letzten Wochenende auch kennengelernt. Ich kann mir nicht vorstellen, dass Ben Emi einen Antrag gemacht hat. Ben ist seiner Freundin sehr treu. Sie haben vor, im nächsten Jahr zu heiraten. Aber solange sich die beiden im Zimmer verschanzen, verstehen wir nicht, was hier wirklich los ist. Mein Mann und ich versuchen gerne, mit Ben zu sprechen, und dann wollen wir Emi überreden herauszukommen, wenn es geht.»

Bens Mutter stand auf und ging zum Zimmer, in dem sich die beiden eingeschlossen hatten. Noch bevor

sie an die Tür klopfte, wurde die Zimmertür aufge-
schlossen, und Ben kam allein heraus. Während Ben mit
seinen Eltern konferierte, schnappten wir uns noch mal
Emi. Sie kauerte in sich zusammengesunken auf dem
Bett. Als sie uns bemerkte, fing sie hemmungslos zu
schluchzen an. Alle Dämme brachen, und die Tränen
flossen ihr in Strömen über das Gesicht. Ich beugte
mich zu ihr und legte meinen Arm um sie. Herr
Hayakawa stand verlegen in der Zimmerecke, und weil
ich befürchtete, dass er wieder irgendetwas Dummes
sagen würde, bedeutete ich ihm, das Zimmer zu verlassen.

Nachdem ich Emi eine Weile im Arm gehalten
hatte, sprudelte es aus ihr heraus. Was sie da erzählte,
stand freilich in keinem Zusammenhang zu den Geschehnissen, für die ich eigentlich eine Erklärung erwartet hatte. Statt von Ben und ihrer großen Liebe zu ihm
sprach sie nämlich zu meiner Überraschung von ihren
Eltern.

«Seit meiner Kindheit steht eine riesige Wand zwischen meinen Eltern und mir. Ich weiß nicht warum.
Meine Eltern und ich, wir verstehen uns überhaupt
nicht, und von Jahr zu Jahr wird es schlimmer. Ich durfte schon als Kind zu Hause nie meine Meinungen und
meine Wünschen äußern. Nur mein Vater hatte immer
Recht. Meine Mutter und ich müssen stets nach seiner
Pfeife tanzen. Und hier ... in dieser Familie, da erlebe ich
das völlige Gegenteil. Hier wird die Meinung von jedem
geachtet. Mein Vater stellt sich immer als der Größte
und Beste hin, dabei hat er einen unehelichen Sohn, was

niemand wissen darf. Ich habe meine Eltern schon lange satt. Meine Mutter kuscht nur und macht den Mund nicht auf. Und die Schule habe ich auch satt. Herr Hayakawa ist mein Klassenlehrer. Und obwohl er meinen Vater gut von den Elternabenden her kennt, hat er seine Tyrannei oder meine Unzufriedenheit überhaupt nicht bemerkt. Er hätte doch alles sehen können, aber wahrscheinlich will auch er meinen Vater nicht reizen und hat Angst vor ihm. Die Lehrer fürchten die Eltern doch auch nur und versuchen, keinen Zoff mit ihnen zu haben. Sie impfen uns ein, den Eltern gegenüber gehorsam zu sein, ohne zu wissen, was wirklich los ist. Deswegen konnte ich mit Herrn Hayakawa nie darüber sprechen. Was dieses Theater angeht, das ich hier verursacht habe ... Ben hat nichts damit zu tun. Ich mag Ben, er ist wie ein Bruder für mich, er ist total nett. Ich vertraue ihm. Aber Ben liebt mich gar nicht, und er hat mir auch keinen Antrag gemacht. Er hat eine sehr schöne, nette Freundin. Sie heiraten bald. Ich habe diese Liebesgeschichte einfach erfunden, damit ich hier nicht weg muss. Und ich hatte die Hoffnung, dass Ben mich verstehen kann.»

Ich hörte Emi einfach nur zu, hielt mich mit neuen Ratschlägen zurück und wartete darauf, was sie noch erzählen würde. Da klopfte es. Herr Hayakawa steckte den Kopf herein. Er winkte mich aufgeregt zu sich.

«Was ist los? Hast du Emi überzeugen können, wieder mit uns nach Japan zurückzufliegen? Ich muss alle Schüler nach Japan zurückbringen, niemand darf fehlen. Das würde ein heilloses Desaster für mich bedeuten. Du hilfst mir doch? Egal mit welchen Mitteln, Emi muss mit.»

Mir wurde klar, dass Herr Hayakawa in erster Linie an sich selbst dachte. Emi hatte Recht, im Grunde war es ihm egal, was mit ihr passierte, solange nur er ungeschoren davon kam. Ich ärgerte mich über ihn. Deshalb fuhr ich ihn ein bisschen zu scharf an.

«Lass uns noch ein bisschen in Ruhe. Jetzt ist kein guter Zeitpunkt ... Bitte!»

«Nein, warte mal», sagte er und rückte näher an mich heran, um mir folgendes ins Ohr zu flüstern: «Ich habe eine gute Idee. So kriegen wir Emi auf jeden Fall wieder mit nach Japan zurück. Wir sagen ihr einfach, dass ihre Großmutter einen Herzanfall hatte, und dass sie im Sterben liegt. Emi mag ihre Oma sehr. Das weiß ich. Wenn sie hört, dass es ihrer Oma so schlecht geht, hört sie mit diesem ganzen sinnlosen Theater hier auf und kommt mit uns zurück. Es ist vielleicht nicht schön, so etwas zu machen. Aber es wäre eine Notlüge, wir wollen ja Emi nur vor Schlimmerem bewahren. Was meinst du?»

Ich konnte im ersten Moment gar nichts erwidern, so entsetzt war ich von Herrn Hayakawas Vorschlag. Das konnte doch nicht sein Ernst sein?! Wollte er Emi wirklich belügen, nur um seine eigene Lehrer-Haut zu retten?

«Das ist keine gute Idee», sagte ich barsch und schob Hayakawa zur Tür hinaus.

«Ja? Aber warum? Wir müssen was unternehmen.»

«Aber nicht so etwas!»

Als ich ihn wieder nach draußen bugsiert hatte, schloss ich die Tür hinter mir ab.

«Was machst du da? Das geht so nicht. Fängst du jetzt auch an durchzudrehen? Stehst du Emi bei dieser Farce auch noch bei?», rief er durch die Tür.

«Ruhe bitte! Emi und ich müssen reden.»

Emi hatte sich inzwischen unter die Bettdecke verkrochen. Sie schien völlig erschöpft. Das ganze Theater, das sie uns vorgespielt hatte, das Problem mit ihrem Vater, das alles war zu viel für sie. Ein paar Minuten später stieß Emi die Bettdecke entschlossen zur Seite. Ihr Gesicht sah ganz verheult aus.

«Danke, Schwester Keiko, dass du mir zugehört hast», sagte sie. «Du bist die Einzige, die nicht von meiner Seite gewichen ist. Jetzt fühle ich mich ein bisschen besser. Ich weiß irgendwo in meinem Herzen, dass ich nach Japan zurückfliegen muss. Ich entschuldige mich bei dir für die Schwierigkeiten, die ich verursacht habe. Aber meiner Oma geht es gut, oder? Die Geschichte ist nur eine Erfindung von Hayakawa, oder?»

Emi hatte scheinbar alles mitbekommen, was Hayakawa an der Tür zu mir gesagt hatte.

«Er ist wirklich blöd, er denkt immer nur an sich selbst.»

«Ja, mit deiner Oma ist alles in Ordnung», sagte ich.

Wir saßen eine Weile stumm nebeneinander. Das tat uns beiden gut. Schließlich hakte sich Emi bei mir unter.

»Ich bin bereit zu gehen.»

An jenem Tag übernachtete ich bei Emi. Ich befürchtete, dass sie sich doch wieder anders entscheiden könnte. Erst am Nachmittag des folgenden Tages ging ich nach Hause zurück zu Jane. Ich musste für die Abreise noch meinen Koffer packen. Ich aß mit Jane zusammen die letzte Tüte Kartoffelchips und verabschiedete mich von ihr, bevor ich ins Bett ging. Jane musste am Montag sehr früh zur Arbeit und konnte bei unserer Abfahrt nicht dabei sein. Unsere kleine Abschlussreise sollte uns noch durch Kalifornien führen, Reiseziele waren die Universal Studios, Disneyland und San Francisco. Alle freuten sich natürlich schon auf diese Fahrt.

Am Montag um acht Uhr war der Schulhof voll mit den Gastfamilien, die sich von uns verabschieden wollten. Viele Tränen flossen, und überall umarmte man sich. Es dauerte eine ganze Weile, bis wir alle in den Bus verfrachtet hatten. Emi fuhr, Gott sei Dank, wie geplant mit uns. Ich musste zwar einen neuen Pass für sie beantragen, aber das wollte ich erst am letzten Reiseziel, in San Francisco tun.

Emi hatte natürlich besondere Schwierigkeiten, sich von ihrer amerikanischen Familie zu trennen. Sie weinte und stammelte vor sich hin. Ich lächelte Emi an, um ihr Mut zu machen. Sie überreichte Ben einen Brief. Dann lief sie schnurstracks, ohne sich noch einmal umzublicken, zum Bus. Danach sprach sie mehrere Stunden kein Wort mehr. Wenn man genau hinsah, konnte man jedoch sehen, dass sie verzweifelt versuchte, ihre Tränen zu unterdrücken.

Später erfuhr ich, dass Emi nach dieser Reise ihr Zuhause verließ und eine Ausbildung als Tierpflegerin anfing. Etwa drei Jahre später verabredeten wir uns. Sie erzählte mir, dass sie nur noch eine sehr oberflächliche Beziehung zu ihrer Familie hatte und dass sie von Ben zu dessen Hochzeit eingeladen worden war. Emi machte einen sehr glücklichen Eindruck, und darüber war ich sehr froh.

Chefsache Sex

Betriebsausflüge sind eine relativ leichte Aufgabe für Reiseleiterinnen. Man muss sich prinzipiell nur dem Chef widmen. Wenn aus seiner Sicht alles o.k. ist, muss man sich über den Erfolg der Reise fast keine Gedanken mehr machen. Die Angestellten sind in aller Regel pflegeleicht, und normalerweise sind sie mit dem, was ihnen auf der Reise geboten wird, zufrieden. Sie können sich schließlich nicht offiziell über etwas beschweren, was ihnen die Firma bezahlt.

Bei einer dieser Firmenausflüge war ich mit einem Chef unterwegs, der das Geld mit vollen Händen aus dem Fenster warf. Mit dabei waren seine Ehefrau, seine beiden Kinder und 24 Angestellte. Unsere Reise ging nach Australien. Wir hatten vor, in acht Tagen drei Orte zu besuchen – Sydney, Ayers Rock und Brisbane. Es wunderte mich sehr, wie viel Geld für diese Reise ausgegeben wurde. An jedem Ort waren für alle Teilnehmer Zimmer in luxuriösen Hotels gebucht. Der Chef belegte allein eine riesige Suite, seine Frau und seine Kinder bekamen eine extra Suite, und sogar ich durfte in dem gleichen Hotel wohnen. Dem Plan nach besuchten wir jeden Abend ein lokales Gourmetrestaurant oder irgendeine bekannte Show mit einem tollen Abendessen. Ich fragte mich, womit diese Firma ihr Geld verdiente. Es sah aus, als ob es keinerlei Rolle spielte, wie viel etwas kostete.

Meine Verwunderung schlug am ersten Abend in Sydney jedoch in Entsetzen um. Die Reisemitglieder saßen nach dem Essen noch am Tisch und unterhielten sich über ihre Pläne in den nächsten Tagen. Als ich auf den Chef zuging, um mit ihm über das morgige Programm zu sprechen, bot er mir den Platz ihm gegenüber an.

«Setz dich mal hin», sagte er sehr vertraulich. «Ich gebe dir alle Vollmacht, was den Reiseplan angeht. Ich möchte mich nur amüsieren. Für mich ist das hier Urlaub. Ich möchte nicht auch hier noch die Verantwortung übernehmen müssen. Du führst uns, ganz wie du und meine Angestellten möchten. Vor allem aber habe ich eine Bitte an dich.»

Der Chef blickte mich ernst an.

«Ich möchte jetzt eine absolut Klassefrau aus Australien bei mir haben. Kannst du das schnell für mich arrangieren?»

«Was arrangieren? Was meinen Sie damit?»

Im ersten Augenblick verstand ich gar nicht, was er da eigentlich von mir wollte. Doch dann dämmerte es mir.

«Heißt das etwa, ich soll eine Prostituierte für Sie bestellen soll?»

«Ja, was denn sonst? Stell dich doch nicht so dumm. Ich hielt dich für eine kluge Frau, aber vielleicht habe ich dich falsch eingeschätzt. Ich hoffe sehr, dass du meine Wünsche in Zukunft schneller verstehst und erfüllst.»

Sein Verhalten ging über meinen Verstand. Nicht nur, dass er sich eine Prostituierte wünschte, sondern auch, dass er seinen Wunsch vor allen anderen ohne Hemmungen äußerte, sogar vor seiner Ehefrau und seinen Kindern. Mir drehte sich fast der Magen um.

«Ich scheue keine Kosten, um heute Abend eine wirkliche Spitzen-Frau bei mir zu haben. An Geld fehlt es nicht. Du kennst meinen Frauengeschmack natürlich noch nicht. Dafür habe ich Verständnis. Am besten bestellst du daher bitte ein paar Frauen von unterschiedlichem Typ. Ich schaue sie mir alle einmal an und wähle dann die beste aus.»

Ich konnte nicht sofort reagieren und wusste gar nicht, was ich sagen sollte. Ich hatte keinerlei Erfahrung mit der Bestellung von Prostituierten. Ich kannte auch niemanden, den ich hätte um Rat fragen können. Und ich wusste nicht, wie ich mich vor seinen Angestellten und seiner Familie verhalten sollte. Erstaunlicherweise schien niemand verblüfft oder überrascht. Obwohl die Leute in seiner Nähe alles mitbekommen hatten, auch seine Frau, nahm offenbar keiner Anstoß daran. Alle unterhielten sich ganz normal weiter. Für sie schien es das Selbstverständlichste der Welt zu sein, dass der Chef auf einem Betriebsausflug Frauen auf sein Zimmer kommen ließ. Nun war mir auch klar, warum er und seine Frau getrennte Suiten hatten. Heimlich beobachtete ich seine Ehefrau, aber sie tat gänzlich unbeteiligt, obwohl sie seine verletzenden Worte gehört haben musste. Ließ es sie wirklich kalt, oder tat sie nur so?

Weil ich zögerte, trieb der Chef mich ungeduldig an.

«Man darf nicht viel dabei überlegen, es ist ein Spiel, und fertig! Also zieh los und mach, wofür du bezahlt wirst.»

Ich wusste mir nicht zu helfen, also ging ich zum Empfang eines der edelsten Hotels in Sydney, um jemanden um Hilfe zu bitten. Der Angestellte an der Rezeption war sehr nett, und er wusste sehr gut mit solchen Wünschen umzugehen. Aber mir war das Ganze extrem peinlich.

Eine halbe Stunde später trafen fünf Frauen im Hotel ein. Ich fand sie alle auf ihre Art schön. Eine war Asiatin, die anderen vier waren Weiße, aber ich war sicher, dass zwei von ihnen kein Englisch verstanden. Vielleicht Russinnen? Ich führte sie zur Suite des Chefs, so wie er es mir aufgetragen hatte. Seite an Seite im Fahrstuhl sprach niemand ein Wort. Kaum hatte ich an seiner Tür geklopft, ging sie auch schon auf. Der Chef zeigte sich in einem weißen Morgenrock. Er grinste obszön und inspizierte gierig die Frauen.

«Hast du für mich wirklich die besten Frauen bestellt? Eine Klassefrau habe ich mir ein bisschen anders vorgestellt. Na ja, zwei von ihnen sind einigermaßen o.k. Ich nehme zuerst diese Asiatin. Zu Frauen der gleichen Rasse empfinde ich immer Zuneigung. Und diese da will ich als Reserve behalten. Lass sie bitte eine Weile, maximal drei Stunden, am Empfang warten. Ich bezahle natürlich auch für die Wartezeit. Die anderen brauche ich nicht. Schick sie bitte gleich nach Hause ... Oh …, du brauchst aber nicht drei Stunden vor meiner Tür zu warten. Du kannst dich in deinem Zimmer ausruhen. Wenn ich mit der hier fertig bin, rufe ich dich an. Dann kannst du die andere vom Empfang abholen. Alles klar?»

Mit diesen Worten zog er die Asiatin ins Zimmer. Ich erklärte den anderen Frauen, was los war. Bis zum Ende brachte ich es nicht fertig, ihnen dabei in die Augen zu sehen.

In meinem Zimmer wollte ich mich ein bisschen erholen. Der Tag war sehr lang gewesen. Seit unserem Abflug hatte ich 24 Stunden nicht geschlafen. Ich war hundemüde, trotzdem gelang es mir nicht, sofort einzuschlafen. Irgendwie hatte ich ein schlechtes Gewissen, dass ich dem Chef beim «Kauf» von Frauen geholfen hatte. Ich redete mir ein, dass Prostitution in Sydney, im Staat New South Wales, keine Gesetzeswidrigkeit war, sondern ein ganz normales Geschäft. Aber trotzdem: Mir war zum Heulen zumute.

Nach etwa drei Stunden, genau wie er angekündigt hatte, klingelte mein Telefon, und ich musste die Frau, die in der Lobby die Zeit totgeschlagen hatte, zu ihm bringen. Mit ihr an der Seite klopfte ich wieder an seiner Tür. Der Chef ließ die Asiatin mit einem dicken Geldbündel in der Hand hinausgehen, und fast gleichzeitig zog er die andere Frau zu sich hinein, mit einer Selbstverständlichkeit, als ob er eine Tasche durch eine andere ersetzte.

«Du kannst Feierabend machen, Frau Reiseleiterin. Ich störe dich heute nicht mehr. Bis morgen früh.» Die Tür schlug zu.

Als ich im Bett lag, fragte ich mich, wie seine Ehefrau das Verhalten ihres Mannes einfach so hinnehmen konnte. Warum ist sie dem ganzen Treiben so gleichgültig gegenüber? Empfindet sie keine Abscheu gegen ihren Mann? Was müssen die Kinder von ihrem Vater denken? Wie kann man so eine unwürdige Behandlung aushalten?

Am zweiten Tag lief die Reise ganz nach Plan. Unter anderem besuchten wir einen Zoo. Dort stand ein Foto mit einem Koala-Bären auf dem Programm. Das war etwas, das alle japanischen Touristen absolvieren mussten. Zum Abschluss des Tages war eine Show mit Abendessen organisiert. Ich hoffte von ganzem Herzen, dass der Albtraum des vorigen Tages sich nicht mehr wiederholte. Am Ende der Stadtrundfahrt kündigte der Chef im Bus an, dass er wegen einer wichtigeren Angelegenheit am Abend nicht mit zur Show kommen würde.

«Ich bleibe im Hotel. Ich wünsche euch allen viel Spaß. Ihr dürft heute beim Essen so viel trinken, wie Ihr wollt. Die Kosten dafür trage ich.»

Dann wandte er sich zu mir und flüsterte: «Ich kuschle mich in meinem Zimmer lieber an eine Ausländerin. Bei so einer Show darf man die Frauen ja nicht berühren, nicht wahr? Also Frau Reiseleiterin, bestell wieder ein paar Frauen für mich. Die Asiatin von gestern gefiel mir sehr gut. Ich möchte aber noch andere ausprobieren. Also etwa fünf Frauen einschließlich der von gestern bitte.»

Ich traute meinen Augen und Ohren nicht: Er hatte diesen bizarren Wunsch geäußert, während er seinen vierjährigen Sohn im Arm hielt. Als wir nach der Show zum Hotel zurückkamen, fand ich keine der Frauen mehr am Empfang vor, die vielleicht noch darauf wartete, an die Reihe zu kommen. Ich hatte keine Lust, den Chef zu fragen, ob alles geklappt hatte. Deshalb verabschiedete ich mich von allen und ging direkt in mein Zimmer.

Am nächsten Tag hatten wir vormittags frei. Bis zum Abflug nach Ayers Rock war Zeit für Einkäufe in einer riesigen Shopping-Mall. Die meisten Angestellten kauften Nussschokolade für ihre Familien, ein typisches Mitbringsel aus Australien. Der Chef war nirgendwo zu sehen, seine Frau saß mit den Kindern gelangweilt in einem Café in der Shopping-Mall.

«Möchten Sie sich nicht in den Geschäften umschauen? Wenn Sie wollen, kümmere ich mich solange um die Kinder», bot ich ihr an.

«Danke. Das ist sehr nett, aber ich brauche nichts. Ich habe alles, was ich möchte. Willst du etwas trinken? Dieser Saft sieht giftig aus, aber er schmeckt wunderbar. Möchtest du probieren?»

Ich nahm ihr Angebot an und setzte mich zu ihr. Unsere Unterhaltung war zäh. Mir lagen viele Fragen auf der Zunge zu ihrem Leben, zu dem Verhältnis zu ihrem Mann, aber ich traute mich nicht, diese Themen anzusprechen. Und so tauschten wir nur ein paar Belanglosigkeiten über Australien, das Wetter und das Essen aus. Immer wieder versiegte unser Gespräch, und wir nippten schweigend an dem grünen Getränk, das tatsächlich viel besser schmeckte als es aussah. Nach und nach fanden sich die Angestellten bei uns ein, und plötzlich tauchte auch der Chef wieder auf, bepackt mit vielen Paketen. Er ging auf seine Frau zu und gab ihr eins davon.

«Das ist für dich. Ich glaube, die Tasche hast du dir seit langem gewünscht. Sie war sehr teuer!»

Dann winkte er mich zu sich.

«Das ist ein kleines Geschenk für dich. Ich weiß, dass ich dich mit meinen speziellen Bitten belästigt habe. Das soll eine Art Wiedergutmachung sein. Aber bitte kümmere dich in dieser Sache weiter so gut wie bisher.»

Als «Wiedergutmachung» für meine Unannehmlichkeiten bekam ich ein Visitenkartenetui von Louis Vuitton.

«Und hier ist noch ein Paket. Kannst du es irgendwie arrangieren, dass diese Asiatin von gestern und vorgestern dieses Geschenk erhält? Ich möchte zeigen, dass ich mit ihr viel Spaß hatte. Vielleicht per Post?»

«Ich werde versuchen, Ihren Wunsch zu erfüllen. Aber ich bin nicht sicher, ob diese Frau sich noch an Sie erinnern kann. Ich meine, sie weiß vielleicht nicht, von wem sie dieses Geschenk kriegt.»

«Du brauchst dir darum keine Sorgen zu machen. Sie erinnert sich bestimmt an mich. Wir hatten eine unvergessliche Zeit zusammen. Du sollst nur meinen Wunsch erfüllen. Verstehst du?», sagte der Chef in einem Ton, der keinen Widerspruch mehr zuließ.

Wir flogen am frühen Abend nach Ayers Rock. Mein Reisebüro hatte Schwierigkeiten, ein angemessenes Hotel zu finden. Das schönste Hotel in der Stadt hatte nur drei Sterne. Es musste dem Chef ziemlich schäbig erscheinen. Aber es ging nicht anders. Nachdem wir eingecheckt hatten, zogen sich alle aufs Zimmer zurück, und ich atmete erleichtert auf. Doch der Frieden dauerte gerade ein paar Minuten, da wurde ich schon wieder vom Chef gerufen. Wir hatten das beste Zimmer des Hotels für ihn reserviert. Auch wenn er sich jetzt darüber beschweren sollte, konnten wir ihm nichts Besseres anbieten. Eilig ging ich zu ihm. Der Chef stand vor einem großen Fenster, das den Blick auf den Ayers Rock freigab.

«Ich möchte heute allein im Zimmer essen. Ich glaube, man kann hier nichts Schmackhaftes erwarten. Kannst du bitte das Beste, das es gibt, vom Zimmerservice bringen lassen. Und vergiss nicht, ich brauche wieder eine Spitzen-Frau. Ich habe mich zwei Tage hintereinander mit zwei Frauen amüsiert. Das war für mein Alter eine gute Leistung, glaubst du nicht auch? Also ..., heute ist eine Frau genug. Aber bitte bestell die Beste dieser Stadt.»

«Ich möchte Ihnen gern behilflich sein. Und ich möchte mich Ihnen nicht widersetzen, aber es kann schwierig werden, hier in Ayers Rock eine Frau, geschweige denn eine Spitzen-Frau zu finden.»

«Bevor du mit irgendwelchen Ausflüchten kommst, versuch es erst mal. Dafür bist du doch zuständig, nicht wahr? Auch wenn du dir deine Erklärung sorgfältig zurechtgelegt hast, dass es in einer solch kleinen Stadt keine Prostituierte gibt, zieht so eine fadenscheinige Ausrede bei mir nicht. Wenn du keine Lösung hast, lass einfach eine Frau aus der Nachbarstadt kommen. Ich bezahle auch die Kosten für ihren Flug mit einem Hubschrauber.»

Während ich innerlich über seine verkehrte, rechthaberische Forderung murrte, ging ich wider Willen zum Empfang, um mir Rat zu holen. Ich erzählte einem Angestellten, der keine Hoteluniform, sondern Zivilkleidung trug, den Wunsch meines Kunden. Mein Gesicht lief dabei vor Scham rot an.

«Wie bitte? Hier in Ayers Rock möchte jemand eine Frau kaufen? Was für ein Volk seid ihr Japaner nur! Die Prostitution ist hier kein großes Geschäft. Wer kauft sich hier eine Frau? Und wer arbeitet als Prostituierte in Ayers Rock, ein Ort, den die Aborigines für heilig halten?»

Auf der einen Seite fühlte ich mich ziemlich blamiert, auf der anderen Seite fand ich seine Reaktion unprofessionell. Zwei Hotelsterne weniger machen sich doch deutlich bemerkbar. Was sollte ich also tun? Ich stand ratlos herum.

Da kam ein älterer Herr auf mich zu. Anders als der Mann an der Rezeption trug er eine richtige Hoteluniform, und sein Gesicht mit einem prächtigen braunen Bart machte einen vertrauenswürdigen Eindruck.

«Touristen haben die unterschiedlichsten Wünsche. Egal, ob sie normal oder abnormal sind, sie erwarten einfach, dass ihre Wünsche erfüllt werden. Es ist oft nicht leicht, in der Reisebranche zu arbeiten, nicht wahr? Ich habe mitbekommen, was Sie möchten. Ich kann Ihnen vielleicht helfen. Hier ist die Prostitution selbst nicht illegal, deswegen gibt es in dieser Stadt auch ein paar Bordelle. Aber sie haben leider keine reiche Auswahl an Damen wie in einer großen Stadt. Wenn Sie möchten, kann ich mich für Sie erkundigen. Ich finde, dass eine solche Anfrage nicht zur Aufgabe einer Frau gehört. Überlassen Sie das bitte mir.»

Ich war ihm so sehr für seine Hilfe dankbar, dass ich ihm – sein Name war George – nach dieser Geschichte mehrere Jahre lang zu Weihnachten eine Karte schickte. George suchte also für mich, oder vielmehr für den Chef, nach Prostituierten. Aber offenbar war es an jenem Tag wie verhext, die Auswahl war noch kleiner als sonst. Frei waren lediglich zwei sehr dunkelhäutige Damen. Ich war mir nicht sicher, ob sie den Geschmack meines Chefs trafen.

«Keine Sorge», meinte George. «Ich habe eigens die schönste und fürsorglichste Frau bestellt, die das Bordell anbieten konnte. Sie ist in einer halben Stunde hier. Sie haben jetzt alles getan, was in Ihrer Macht stand. Machen Sie sich keine Sorgen.»

Weil ich mit den anderen Reisemitgliedern zum Essen verabredet war, bat ich George, sich um die eintreffenden Damen und den Chef zu kümmern.

«Kein Problem. Ich kümmere mich darum», sagte er.

Als wir ein paar Stunden später wieder ins Hotel zurückkamen, sah ich in der Lobby eine Frau sitzen, die nicht wie eine Touristin aussah. George kam, verlegen lächelnd, auf mich zu.

«Der Mann im Zimmer 528 erwartet eine Erklärung von Ihnen. Er hat gesagt, er wird keine Dame akzeptieren, bevor er nicht mit Ihnen gesprochen hat.»

«Na, so was!»

Ich führte die farbige Frau zum Zimmer des Chefs. Wie immer, ging die Tür sofort auf, kaum dass ich angeklopft hatte. Saß oder stand er denn immer direkt hinter der Tür?

«Frau Reiseleiterin, da bist du ja endlich. Aus welchem Grund hast du mir eine schwarze Frau geschickt? Ich habe eine Spitzen-Frau bestellt, keine schwarze Frau. Hast du meine Bitte richtig verstanden? Ich möchte mich mit vielen verschiedenen Frauen amüsieren. Aber ich möchte mir dabei keinesfalls eine Krankheit holen. Ich habe gehört, dass fast alle schwarzen Frauen an Aids leiden. Wie konntest du mir eine solche Frau schicken? Ich werde mich bei deinem Chef darüber beschweren!»

Diese demütigende Äußerung brachte mich fast in Rage, aber die Frau neben mir zeigte sich ganz unbeeindruckt. Wahrscheinlich lag es daran, dass sie kein Wort verstand. Doch als ob sie die Bedeutung der Worte irgendwie erahnt hatte, sagte sie plötzlich ganz ruhig.

«Ich leide an keiner Krankheit, auch nicht an Aids. Ich schlafe nur mit seriösen Herren. Ich arbeite normalerweise in Melbourne, aber einer meiner Stammgäste brachte mich gestern mit nach Ayers Rock. Der Mann flog heute schon zurück, aber ich habe mich entschieden, dass ich ein paar Tage hier Urlaub mache. Machen Sie sich keine Sorgen. Wir können uns gut amüsieren.»

Mit einer geschickten professionellen Handbewegung berührte sie den Chef, um ihn zu beschwichtigen. Durch die unerwartete, sanfte Berührung schlug er auf einmal einen ganz anderen Ton an.

«Etwas Ungewöhnliches auszuprobieren, schadet nicht. Vielleicht eröffnet sich ja eine ganz neue Welt.»

Er grinste, hob seine Hand und winkte mich fort.

Am nächsten Morgen mussten wir schon um drei Uhr früh aufbrechen. Wenn man auf den Ayers Rock steigen will, hat man nur morgens eine Chance. Schon zu früher Stunde wird wegen der großen Hitze der Aufstieg gesperrt. Und natürlich wollten wir, wie viele andere Touristen, den grandiosen Sonnenaufgang vom Ayers Rock aus genießen. Bis zum Berggipfel waren nur 348 Höhenmeter zu überwinden, aber manche Stellen waren extrem steil. Deswegen mussten wir uns an einem Sicherungsseil festhaken. Hinzu kam, dass die Oberfläche des Felsens sehr rutschig war. Es war kein reiner Spaziergang. Die Temperatur stieg überraschend schnell. Man benötigte ständig die volle Konzentration. Aber der

Ausblick vom Gipfel war die Mühe wert. Man kann verstehen, warum die Aborigines diesen Felsen für einen heiligen Ort hielten.

Nach dieser Anstrengung duschten wir alle und versammelten uns nach und nach im Hotelrestaurant, um etwas Kühles zu trinken. Als ich das Restaurant betrat, sah ich den Chef, wie er sich vor den anderen mit seinen amourösen Abenteuern brüstete. Er winkte mich zu sich: «Frau Reiseleiterin!»

«Du hast die Frau gestern mit eigenen Augen gesehen. Sie war wunderschön, obwohl ihre Haut ein bisschen zu dunkel war, nicht wahr? Am Anfang zögerte ich, weil sie für mich die erste Schwarze war. Ich hatte gehört, dass die Schwarzen fast immer tödliche Krankheiten haben. Aber ich wollte dich nicht in die Klemme bringen, Frau Reiseleiterin. Deshalb habe ich die Dame akzeptiert. Und was soll ich sagen: Es hat sich gelohnt. Ich lernte in meinem Leben schon eine Menge Frauen kennen, aber sie war die Beste bis jetzt. Wenn ich irgendwann mal in Melbourne sein werde, wende ich mich wieder an sie. Da musst du uns wieder führen, Frau Reiseleiterin.»

Von wegen, dachte ich.

«Oder kannst du diese Frau jetzt schon ausfindig machen und sie überreden, mit uns nach Brisbane zu fliegen? Ja, das ist die beste Idee. Warum ist mir das nicht gleich eingefallen? Geh sofort zu ihrem Bordell und hol sie!»

Also ging ich wieder zu George, um ihn um Hilfe zu bitten. Er zog eine Grimasse und klärte mich auf, dass die Prostitution in Brisbane, also im Staat Queensland, gesetzlich verboten war. Seiner Vermutung nach gab es bestimmt ein paar Bordelle, die heimlich betrieben wurden, aber keine Prostituierte, die einigermaßen bei Verstand war, konnte es riskieren, in Brisbane ihr Geschäft zu betreiben. Auf den Vorschlag Georges hin erfand ich eine Lügengeschichte. Ich erzählte dem Chef, die gestrige Dame sei bereits nach Melbourne zurückgekehrt.

«Ach so, schade», sagt er. «Da kann man wohl nichts machen.»

Die Sonne war kaum untergegangen, als wir auf dem Flughafen in Brisbane landeten. Von dort aus fuhren wir etwa eine Stunde weiter nach Süden zur Goldküste. Wir waren in einem der teuersten Strandhotels der Stadt untergebracht. Am Abend besuchten wir ein Restaurant, das für seine hervorragenden Meeresfrüchte berühmt war. Dieses Mal war sogar der Chef dabei. Wir hatten gerade aufgegessen, da erhob er die Stimme.

«Habt Ihr das Essen genossen? Ihr könntet es Euch nicht leisten, wenn ihr das aus eigener Tasche bezahlen müsstet. Aber es hat sich gelohnt, nicht wahr? Ich betrachte die Einladung an Euch hier als kleines Dankeschön für Eure tagtäglichen Anstrengungen. Wir haben nur noch zwei Nächte in Australien. Erholt euch weiter gut, und arbeitet in Japan wieder mit vollem Einsatz.»

Seine Worte überraschten mich, weil es richtige Chef-Worte waren. Das hatte ich ihm gar nicht zugetraut. Doch schon im nächsten Moment enttäuschte er mich wieder.

«Jetzt haben wir gut gegessen. Nun möchte ich noch andere Dinge genießen. Keine Sorge, Frau Reiseleiterin. Ich habe im Reiseführer schon nachgeschaut, und ich weiß, dass man hier offiziell keine Frauen kaufen darf.»

Gut, also hatte er sich offensichtlich schon informiert. Ich hoffte inständig, dass er zumindest in dieser Stadt mit seiner Frau und seinen Kindern Zeit verbringen würde. Doch ich sah mich getäuscht.

«Deswegen kannst du ja im Hotel niemanden für mich bestellen. Ich möchte schließlich nicht, dass du eine Straftat begehst. Wir müssen also auf eigene Faust ein Bordell für mich ausfindig machen. Ich habe mich schon informiert. In der Stadt oder am Strand gibt es angeblich viele Kuppler. Man soll sie sofort erkennen können. Jetzt schickst du die anderen zum Hotel, und wir zwei gehen an den Strand. Da muss doch was zu finden sein.»

Wie einfältig ich doch war! Wie konnte ich nur glauben, dass wenigstens hier seine Gelüste eine Pause einlegen würden. Also marschierten wir an den Strand. Der Chef stapfte voran durch den Sand, und ich in gebührendem Abstand hinterher. Ich hatte ehrlich gesagt keinerlei Ahnung, wonach wir eigentlich Ausschau halten sollten. Aber auch das war zu naiv gedacht. Man fand nämlich uns. Es dauerte nicht lange, da wurde der Chef von jemandem angesprochen.

«Kann ich Ihnen behilflich sein?»

Der Chef rief mich hastig zu sich, um die Verhandlungen zu führen. Das irritierte den Mann offensichtlich, er konnte sich wahrscheinlich nicht erklären, welche Rolle ich spielte. Doch als ich meine Funktion erklärte, huschte ein Lächeln über sein Gesicht. Er führte uns zu einem Auto und wies uns an, einzusteigen. Ich zögerte. War das eine gute Idee? Aber der Mann schob mich schon auf den Rücksitz. Der Chef saß sowieso schon drin, und schon brausten wir los. Ich versuchte, den Gedanken aus meinem Kopf zu kriegen, dass ich gerade etwas Illegales tat. An eine Umkehr war ohnehin nicht mehr zu denken.

Wir fuhren gute zwanzig Kilometer. Vor einem schäbig aussehenden, ziemlich heruntergekommenen Haus hielten wir an. Alles sah wenig Vertrauen erweckend aus. Kaum waren wir aus dem Auto gestiegen, tat sich die Haustür auf und ein Mann kam herbeigeeilt, um uns in Empfang zu nehmen. Es dauerte nicht lang, bis ich merkte, dass es sich um ein einschlägiges Etablissement handeln musste. Der Mann ließ uns den Vortritt. Der Innenraum war nur schwach ausgeleuchtet, aber das Geschäft schien zu florieren. Es gab ein paar Tische im ersten Raum, an denen viele auffallend gekleidete Frauen etwas tranken. Das System schien so zu funktionieren: Der Kunde suchte sich eine Frau aus, indem er einfach auf sie zuging. Fast wortlos war man sich offenbar sofort handelseinig. Dann verschwanden sie zusammen in einem Nebenzimmer. Niemand redete ein Wort zu viel. Meine Anwesenheit war in einem Bordell natürlich unangebracht, und ich wusste gut, dass der

Chef hier ohne meine Hilfe zurecht kam. Im Bordell war er in seinem Element. Er marschierte auch schnurstracks auf eine blonde Frau zu. Ich fühlte mich sehr unbehaglich. Die Blicke der Frauen und anderen Anwesenden schienen mich zu durchbohren. In diesem Moment näherte sich mir ein junger Mann und flüsterte mir ins Ohr.

«Ich bringe Sie zu einem Hinterzimmer. Dort können Sie auf den Mann warten.»

Wir gingen eine Tür hindurch, an der ein großes Schild «Zutritt für Unbefugte verboten» hing. Hinter der Tür reihten sich sehr viele kleine Zimmer, an denen Schilder wie »Belegt» oder «Frei» hingen. An den Türen vorbei, folgte ich dem Mann weiter in einen winzigen Raum, der direkt neben dem Büro des Bordells lag. Dort hing ein weiteres großes Schild mit der Aufschrift: «Zutritt verboten».

Der junge Mann sorgte auf seine Weise recht nett für mich. Er servierte mir eine Tasse Kaffee und bot mir auch ein paar Süßigkeiten an. Nachdem er das Zimmer verlassen hatte, schloss ich von innen ab. Sicher war sicher. Dann aß ich ein Stück Schokolade, um meinen Blutzuckerspiegel aufrechtzuerhalten. Um die Wartezeit zu überbrücken, deren Länge ich nicht abschätzen konnte, versuchte ich an etwas ganz anderes zu denken, aber es wollte mir nicht so recht ein Thema einfallen. Nach etwa 90 Minuten klopfte es an der Tür. Es war der Mann, der mich hierher geführt hatte. Er teilte mir mit, dass der Chef noch eine andere Frau wollte und ich zum Hotel zurückgebracht werden sollte. In meinem Herzen vermengte sich die Erleichterung, hier endlich rauszukommen mit dem Pflichtgefühl, dass ich einen Kunden in dieser Umgebung nicht allein lassen durfte. Der junge Mann erriet vielleicht meine Gefühle, denn er versicherte mir sofort, dass der Chef sicher zurückkehren werde. Außerdem brauche man sowieso das Zimmer, in dem ich mich gerade aufhielt. Also ließ ich mich zum Hotel zurückfahren. Der Fahrer quasselte ohne Ende, aber ich hörte nur mit einem Ohr hin.

«Jeder Mensch hat sexuelle Bedürfnisse», erläuterte er. »Auch in dieser Stadt, wo die Prostitution offiziell verboten ist. Man kann aber gegen seine Lust nichts machen. Das ist die einfache Wahrheit. Den Geschlechtstrieb als Gesetzesverstoß zu betrachten ist meiner Meinung nach pure staatliche Bevormundung. Unsere Damen sind alle freiwillig bei uns. Sie verdienen sich eine bescheidene Menge Geld, indem sie einsame Männer befriedigen. Keine Frau schämt sich ihrer Tätigkeit. Am Ende sind alle glücklich. Also sind wir sozusagen Glücksmakler. Verstehen Sie? Und ich hoffe natürlich, dass Sie die ganze Geschichte absolut vertraulich behandeln, wir haben sehr viele lokale Politiker als Stammgäste. Auf der einen Seite verbieten sie die Prostitution, auf der anderen Seite kosten sie die Freuden des Lebens selbst aus, wissen Sie?»

Endlich kam ich im Hotel an. Ich verabschiedete mich von dem ungewöhnlich kameradschaftlichen Fahrer und verschwand sofort auf mein Zimmer. Am nächsten Morgen war der Chef, Gott sei Dank, beim

Frühstück anwesend. Wir verloren kein Wort über den gestrigen Abend.

Der letzte Tag des Betriebsausflugs stand allen zur freien Verfügung. Manche wollten Golf spielen, andere wollten an einem Tauchkurs teilnehmen. Die Ehefrau und die Kinder des Chefs hatten ein paar Einkäufe zu erledigen und ich sollte mit ihnen shoppen gehen. Ich stellte dem Chef nur der Form halber die Frage, was er den Tag über vorhatte und ob er eventuell meine Hilfe brauchte.

«Du brauchst dich heute nicht um mich zu kümmern. Der Mann, der mich gestern zum Hotel gefahren hat, kommt um elf Uhr wieder her und holt mich ab. Ich wollte gestern eine Karte mit der Telefonnummer dieses Bordells von ihm bekommen, damit ich ihn heute zu passender Zeit von mir aus hätte anrufen können. Aber er hat scheinbar keine Karte, und er hat mir angeboten, mich abzuholen. Also kann ich jetzt meine Dinge ohne Problem selbst erledigen. Übrigens sind die Frauen, die dort arbeiten, sehr reizend.»

«Wenn alles, wie Sie sagen, schon geregelt ist, gehe ich heute mit Ihrer Frau und Ihren Kindern aus», erwiderte ich kühl.

Nach einer Runde durch das Shoppingcenter besuchten seine Frau und ich ein Café Platz, um uns etwas auszuruhen. Die beiden Kinder rannten sofort zu dem Spielplatz vor der Terrasse. Die Ehefrau lud mich zum Mittagessen ein.

«Ich wollte einmal in Ruhe mit dir sprechen», sagte sie. »Du hast dich bestimmt sehr über das ungehörige Benehmen meines Mannes gewundert. Es tut mir sehr leid, dass du jeden Tag für meinen Mann Frauen besorgen musstest. Entschuldige bitte. Es muss sehr peinlich und unangenehm für dich sein, Prostituierte zu organisieren. Ich schäme mich wegen meines Mannes.»

Ich hatte das Gefühl, dass sie mir etwas anvertrauen wollte. Im Laufe der Reise war es mir langsam unerträglich geworden, dem Verhalten ihres Mannes seiner eigenen Frau gegenüber zuzuschauen. Und, ehrlich gesagt, wollte ich einfach wissen, was sie dachte, wie sie sich fühlte. Warum ließ sie sich nicht von ihm scheiden? Jeder hätte Verständnis dafür gehabt, wenn sie ihrem Mann den Laufpass gegeben hätte. Ich ließ alle Vorsicht fahren und fragte ganz direkt:

«Ist es Ihnen denn einerlei, dass Ihr Mann Frauen kauft und dass er darüber in aller Öffentlichkeit spricht?»

Sie lächelte schwach und schüttelte den Kopf.

«Das hat mich am Anfang natürlich sehr gestört. Er war früher sehr fürsorglich und aufmerksam. Bis wir unser erstes Kind bekamen. Nach der Geburt veränderte sich unsere Beziehung drastisch. Er verlor das Interesse an mir als Frau und sah mich nur noch als Mutter seines Kindes. Ich habe mir große Vorwürfe gemacht, dass ich nicht mehr attraktiv genug für ihn war. Und dass er anfing, Prostituierte aufzusuchen, hat mir natürlich sehr missfallen. Aber jetzt können mir seine Seitensprünge weniger anhaben. Ich versuche einfach, meine

Augen zu verschließen. Und ich denke mir, da ist keine Liebe im Spiel, es geht nur um den körperlichen Akt.»

Meine Neugier überschritt das beruflich adäquate Maß. Ich leistete mir noch eine kühnere Frage.

«Warum wollen Sie sich nicht von ihm trennen?»

Sie schwieg kurz. Und ich fing schon an, meine allzu direkte Frage zu bereuen, als sie zu sprechen begann.

«Jeder Mensch hat seine Schwächen, nicht wahr? Mein Mann kann ohne Frauen praktisch nicht leben. Sobald er eine Frau ergattert hat, braucht er sofort eine andere zur Abwechslung. Das ist sein größter Schwachpunkt. Ich hatte, als ich ihn kennenlernte, schon ein bisschen Ahnung von seiner Neigung. Ich habe mich damals sehr stark in ihn verliebt, deswegen konnte ich nicht anders handeln, und wir haben geheiratet. Ich wusste also insgeheim, worauf ich mich eingelassen hatte. Deswegen habe ich jetzt auch kein Recht, mich über seine Untreue zu beschweren, denn es gibt kein Zurück mehr. Seit der Geburt unseres ersten Kindes versuche ich, meinen Mann wie ein unzähmbares Kind zu sehen und zu behandeln. Zu meinem Trost ist er zumindest kein Frauenschänder, er hat sich noch an keiner Frau vergriffen. Ich hoffe natürlich, dass er mir und unseren Kindern auf seine Art treu bleibt. Ich habe inzwischen gelernt, mit der Situation umzugehen. Das heißt, solange er seine Affären mit anderen Frauen als reines Spiel betrachtet, lasse ich ihn machen. Es wäre etwas anderes, wenn er sich ernsthaft in eine Frau verlieben würde. Er kommt jeden Tag zu uns zurück und arbeitet für uns.»

Ich fühlte, dass mein Ingrimm erneut Nahrung erhielt, obwohl ich nicht wusste, über wen ich diesen Ärger empfand.

«Er benimmt sich miserabel, wie du in den letzten paar Tagen gesehen hast», fuhr sie fort, «aber ich hoffe immer noch, er wird irgendwann für uns alles wiedergutmachen. Wir haben vieles gemeinsam: Kinder, Haus, Firma und so weiter, ich möchte ihn nicht so ohne weiteres aufgeben. Er ist im Grunde ein fürsorglicher Mann und der Vater der Kinder.»

Sie legte wieder eine kleine Pause ein.

«Du bist noch nicht verheiratet, nicht wahr?», fuhr sie fort. «Freundin zu sein unterscheidet sich wesentlich davon, Ehefrau zu sein. Ein Liebespaar glaubt, ständig verliebt bleiben zu können. Aber sobald sie als Ehepaar zusammenzuleben, nehmen die Liebesgefühle ab. Sie können nicht zu dem Elan zurückfinden, den sie früher empfanden. Das ist die Ehe.»

Später auf dem Rückflug nach Tokio sprach ein Angestellter mich an. Er war schon lang in der Firma, und er wollte sich bei mir für meine Bemühungen als Reiseleiterin bedanken. Der Chef genoss allein das Privileg, in der Business Class zu fliegen, deshalb herrschte eine lockere Atmosphäre bei uns in der Economy Class. Ich erfuhr, dass die Firma von Rechts wegen seiner Frau gehörte. Ihr Großvater hatte sie vor fünfzig Jahren gegründet. Ihr Vater hatte nur zwei Töchter und hatte deshalb beschlossen, einem der Schwiegersöhne sein Geschäft zu übergeben. Der jetzige Chef verschaffte sich geschwind die Zuneigung des Vaters. Und so durfte er die Firma weiterführen. Im Grunde genommen war es also gar nicht sein Geld, das er da mit vollen Händen zum Fenster hinauswarf.

Hilfe, der Großvater ist los

Der Narita-Flughafen kurz vor Neujahr ist stets das reine Chaos – ein einziges Gewimmel von Touristen. Da man in Japan nicht viel Urlaub hat und an Neujahr drei Feiertage aufeinander folgen, nutzen viele diese Jahreszeit für eine Reise. Ich erwartete an diesem Tag 42 Reiseteilnehmer. Mehr als 40 Leute in einer Gruppe zu haben, ist anstrengend genug. Hinzu kam ein für Reiseleiter besonders anstrengendes Ziel: Spanien. Dort wurden Japaner recht häufig Opfer von Diebstählen. Als Reiseleiter musste man also besonders auf der Hut sein. Einige von uns hatten bereits extrem negative Erfahrungen in Spanien gemacht und waren nur mit Glück mit ihrem Leben davon gekommen. Viele meiner Kollegen sagten: «Sobald die Maschine von spanischem Boden abhebt, durchströmt mich ein Gefühl von Geborgenheit, und ich kann mich zum ersten Mal entspannen.» Und neun Städte in acht Tagen zu besuchen, war auch nicht von Pappe. Uns erwartete ein Gewaltmarsch.

Am Abflugtag nahm ich meine Kunden am Gruppen-Check-In-Schalter im Narita-Flughafen wie immer in Empfang. Als einer der ersten erschien ein sehr alter Mann. Er war in Begleitung von fünf weiteren Personen. Sein Name war Hasegawa. Er war 74 Jahre alt, machte aber einen sehr gebrechlichen Eindruck. Ob in diesem Zustand eine so anstrengende Reise für ihn überhaupt geeignet war? Ich hatte Zweifel. Die fünf Personen, die hinter ihm standen, stellten sich als Familienangehörige heraus, die Herrn Hasegawa zum Flughafen begleitet hatten. Eine stattliche Entourage, wie ich fand. Ich prüfte seinen Reisepass, gab ihm ein paar Instruktionen und nahm ihm seinen Koffer ab. Dann war die Anmeldung beendet. Als ich zum nächsten Kunden aufblicken wollte, stand Herr Hasegawa jedoch immer noch da.

«Meine Familienangehörigen haben sich bereit erklärt, die Reisekosten für mich zu übernehmen. Sie denken immer an mich. Dank ihrer Unterstützung kann ich dieses Mal nach Europa fliegen. Ich freue mich darauf und bin sehr stolz auf meine Familie.»

Ehrlich gesagt, fand ich seine Bemerkung ein bisschen seltsam. Japaner sprechen in der Öffentlichkeit gewöhnlich eher bescheiden und zurückhaltend über die eigene Familie. Und außerdem: Wer äußert so etwas beim Einchecken? Ich hatte keine Zeit, weiter darüber nachzudenken. Denn es warteten noch andere Kunden darauf, an die Reihe zu kommen. Ich war froh, als alle an Bord waren, und jeder seinen Sitzplatz gefunden hatte. Es konnte losgehen.

Einige Zeit, nachdem das erste Essen serviert worden war, kam eine Flugbegleiterin auf mich zu.

«Gehört der Herr dort zu Ihrer Reisegruppe?», fragte sie flüsternd. Dabei deutete sie auf Herrn Hasegawa. «Der Herr hat bereits sechs Mal sein Essen verlangt. Und auch jedes Mal aufgegessen. Komischerweise behauptet er jedes Mal, dass er noch kein Essen bekommen hätte. Weil wir heute etwas mehr Mahlzeiten an Bord haben, ist das für uns kein Problem. Aber ich glaube nicht, dass es möglich ist, so viel auf einmal zu essen. Vielleicht könnten Sie mit ihm sprechen?»

Ich ging also zu Herrn Hasegawa.

«Ist alles in Ordnung bei Ihnen? Gerade hat eine Flugbegleiterin mich informiert, dass Sie bereits mehrmals Ihr Essen bestellt haben. Hat das Essen nicht gereicht?»

«Nein, die Flugbegleiterin hat gelogen. Sie hat mir noch kein Essen serviert. Obwohl ich großen Hunger habe. Bitte, bitten Sie jemanden für mich um ein Essen!», bat Herr Hasegawa.

Ich war völlig verblüfft. Wie konnte das sein? Konnte er sich nicht daran erinnern, schon gegessen zu haben? Das war doch kaum möglich, oder? Und konnte er wirklich noch Appetit haben, nachdem er bereits sechs komplette Mahlzeiten verdrückt hatte? Ich versuchte, ihm zu erklären, dass er schon sechs Portionen gegessen hätte und dass es nicht gesund sei, so viel zu essen. Daraufhin fuhr er regelrecht aus der Haut.

«Meine Familie versicherte mir, dass die Reiseleiterin, die für die Reise verantwortlich ist, an Hilfsbereitschaft kaum zu überbieten sei. Meine Familie sagte, Sie würden alle meine Wünsche erfüllen. Aber nun wollen Sie sich als Reiseleiterin nicht darum kümmern, dass ich mein Essen bekomme, obwohl ich darum flehe. Sie sind eine Komplizin dieser Flugbegleiterin. Wenn ich vor der Reise gewusst hätte, dass ein so primitiver Wunsch nicht erfüllt werden kann, hätte ich nicht an der Reise teilgenommen. Ich hatte sowieso keine große Lust dazu. Aber meine Familie hat mich mehr oder weniger zu dieser Reise gedrängt. Ich wäre lieber zu Hause geblieben. Ich habe ja gar keine Ahnung, wo Spanien liegt. Ich fühle mich in einem fremden Land, wo ich mich mit anderen Menschen nicht einmal verständigen kann, bestimmt nicht wohl.»

Seine Äußerung überraschte mich. Das war das Gegenteil dessen, was er noch am Flughafenschalter gesagt hatte. Sein Verhalten brachte mich völlig durcheinander. Herr Hasegawa war es offensichtlich leid, weiter um sein Essen kämpfen zu müssen.

«Ich versuche ein bisschen zu schlafen, um meinen Hunger zu vergessen.»

Damit war die Angelegenheit vorübergehend geregelt. Aber ich machte mir nun erhebliche Sorgen, wie die Geschichte mit ihm weitergehen würde.

Nach einer Zwischenlandung in Moskau (damals gab es keine Direktverbindung nach Spanien), bat ich eine Flugbegleiterin, für Herrn Hasegawa und mich zwei Plätze nebeneinander zu organisieren. Glücklicherweise war die Maschine nicht ganz voll, und mein Wunsch konnte erfüllt werden. Ich hatte das Gefühl, dass es besser war, ihn nicht aus den Augen zu lassen. Wir hatten noch sechs Stunden Flug vor uns. Bei unserem zweiten Essen an Bord wiederholte sich Herrn Hasegawas Essensbestellerei nicht. Stattdessen kramte er lange in seiner Tasche nach etwas und bot mir schließlich eine Schachtel Pocky, mit Schokolade überzogene Brezeln, an. Außerdem erzählte er mir ausführlich von seiner Jugendzeit.

In Madrid mussten wir ziemlich lang warten, bis wir alle 43 Koffer zusammen hatten. Es gab außer uns mindestens sechs weitere Reisegruppen mit viel Gepäck. Deshalb musste ich sehr konzentriert sein und aufpassen, dass kein Koffer verschwand oder verwechselt wurde. Da hörte ich plötzlich im Hintergrund jemanden schreien.

«Könnte jemand mir sagen, wer ich bin und wo ich bin?»

Machte da jemand einen dummen Scherz? Ich versuchte herauszufinden, woher die Stimme kam – da entdeckte ich Herrn Hasegawa. Er war es, der da mit verzweifelter Miene rief. Ich spürte, wie mein Herz schneller schlug. Sämtliche japanischen Touristen standen wie vom Donner gerührt da. Mir fiel es wie Schuppen von den Augen: Konnte es sein, dass Herr Hasegawa an Alzheimer litt? Das hatte mir gerade noch gefehlt! Was sollte das auf dieser Reise nur werden? Oh, nein ...

In der Ankunftshalle warteten viele Stadtführer auf die ankommenden japanischen Reisegruppen. Ich kannte fast alle von ihnen. Aber als ich Herrn Shimada mit einem Schild, auf dem unser Gruppenname stand, auf mich zukommen sah, fühlte ich eine große Erleichterung. Er war meiner Meinung nach der beste Stadtführer in Madrid und im Umgang mit Problemen sehr erfahren. Ich war so froh, als ich ihn sah, dass mir beinahe zum Weinen zumute war. Im Hotel erzählte ich Shimada von Herrn Hasegawa.

«Ich nehme auch an, dass er Alzheimer hat. Ich hatte einmal einen ähnlichen Fall. Ich sag dir eins: Die Reise ist für den alten Herrn nicht machbar. Du solltest sofort deinen Chef in Japan informieren», empfahl mir Shimada, und er quittierte meinen sorgenvollen Blick mit einem Lächeln.

Ungeachtet der Zeitverschiebung zwischen Japan und Europa rief ich meinen Chef zu Hause an und erzählte von den Ereignissen.

«Ich habe allen Grund beunruhigt zu sein. Wenn meine Vermutung zutrifft, würde ich Herrn Hasegawa gern sofort nach Japan zurückschicken.»

Mein Chef versprach mir mit verschlafener Stimme, sich um die Sache zu kümmern.

Am nächsten Tag erhielt ich ein Fax aus Japan. Ich las mit solch großem Eifer, dass es mir vor lauter Ungeduld, wissen zu wollen, was der nächste Satz bringen mochte, schwerfiel, alles richtig zu begreifen. Doch als ich zu Ende gelesen hatte, geriet ich aus der Fassung. Mein Chef hatte, wie besprochen, zuerst die Niederlassung angerufen, bei der die Reise für Herrn Hasegawa gebucht worden war. Reiseteilnehmer, die älter als siebzig waren, brauchten normalerweise eine Art Gesundheitszeugnis. Das lag in diesem Fall nicht vor. Die Sachbearbeiterin hatte es übersehen. Also hatte mein Chef die Familie von Herrn Hasegawa direkt angerufen. Er hatte seine Schwiegertochter am anderen Ende, die ihm jedoch lediglich eine pampige Antwort gab und einfach auflegte. Danach hatte er mehrmals versucht, sie zu erreichen, aber ohne Erfolg. Seinem Eindruck nach wollte die Familie etwas vor uns verbergen. Meine Vermutung, dass Herr Hasegawa an Alzheimer litt, könnte also leider zutreffen. Mein Chef schrieb weiter, dass er versuchen würde, mit der Familie in Kontakt zu kommen und dass er mich später ausführlicher informieren würde. Das aber war ganz und gar nicht die Lösung, die ich mir erhoffte hatte.

In Spanien lasse ich meine Kunden – egal in welcher Stadt – aus Sicherheitsgründen immer gemeinsam in den Bus einsteigen. Sie müssen im Hotel um mich herum zusammenbleiben und warten, bis der Bus direkt vor dem Hotel zum Einsteigen hält. Die Eingänge der Hotels und sogar die Hotelrezeptionen gehörten nämlich zu den Lieblingstatorten von Dieben. Dabei spielte es keine Rolle, wie viele Sterne die Hotels hatten.

An jenem Tag war es in Madrid sehr kalt, und der Himmel war grau in grau. Nichts von dem ganzjährig sonnigen Spanien, das man gemeinhin erwartet. Unser erstes Ziel war der Prado. Das Museum ist unbestritten die wichtigste Sehenswürdigkeit in Madrid. Nirgendwo sonst ist die spanische Malerei so eindrucksvoll vertreten wie dort. Die Werke von El Greco, Diego Rodrígu-ez Velázquez, Esteban Murillo oder Francisco de Goya bezaubern alle Besucher. Dazu kommen zahlreiche prominente flämische, holländische und italienische Meisterwerke. Nach der Besichtigung fuhren wir mit dem Bus die Gran Vía, die Hauptstraße Madrids ent-lang. Mit aufwendigen Häuserfassaden und originellen Dachskulpturen ist sie eine Art Freilichtmuseum spani-scher Architektur. Das auffälligste Gebäude in der Stra-ße ist das jetzige Bürohaus Edificio Telefónica, mit 89 Meter Höhe zur Zeit seiner Erbauung 1920 das höchste Gebäude Madrids. Im Westen mündet die Gran Vía auf die Plaza de España. Dort steht ein Denkmal von Don Quijote und Sancho Panza. Nach unserem Besuch im Palacio Real, unserem zweiten Ziel in Madrid, hatten wir eine Toilettenpause in einem Geschäft eingeplant. Der Laden war, wie immer, überfüllt mit Japanern, weil alle Reisebüros ihre Kunden dorthin brachten. Die Leute standen dicht gedrängt und versuchten in der Enge so schnell wie möglich, ihre Einkäufe zu erledigen. Ich bemerkte sofort das Unbehagen und die Zaghaftigkeit von Herrn Hasegawa, auf den ich stets ein wachsames Auge hatte. Bald sah ich, wie er sich durch die Men-schenmenge hindurch auf die Straße hinausschlängelte. Ich hastete hinterher.

«Wohin gehen Sie? Haben Sie kein Interesse an Einkäufen?», fragte ich.

«Ich möchte nur ins Freie gehen. Hier im Geschäft kann ich nicht mehr atmen. Oder muss ich im Geschäft bleiben?»

«Nein, nicht unbedingt. Ich zwinge niemand dazu. Aber es ist hier in Spanien ein bisschen gefährlich, allein herumzulaufen. Wenn Sie im Freien sein möchten, bleibe ich bei Ihnen.»

Er schwieg, ging zu einem Briefkasten, der schräg gegenüber dem Geschäft lag und fing an zu rauchen.

«Haben Sie nicht vor, ein paar Andenken für Ihre Familie zu kaufen?»

«Nein. Bestimmt nicht in diesem Geschäft. Ich bin sowieso nicht kaufwütig. Und meine Schwiegertochter schlug mir vor, beim Shoppen die Tax-free-Geschäfte links liegen zu lassen, weil dort alles viel zu teuer sei. Ich kaufe die Andenken für meine Kinder irgendwo anders.»

Diese sehr vernünftige Antwort ausgerechnet von Herrn Hasegawa überraschte mich sehr.

«Wenn man älter wird, fällt es einem immer schwerer, sich an Dinge zu erinnern», fuhr er fort, «besonders an Kleinigkeiten. Vor einem Jahr, als ich mit meiner Familie einen Ausflug gemacht habe, habe ich meine dritten Zähne in dem Hotel vergessen, wo wir übernachtet hatten. Und um sie zurückzukriegen, musste mein Sohn die halbe Strecke zum Hotel zurückfahren. Mir war es erst zwei Stunden nach unserer Abfahrt aufgefallen. Nach diesem Vorfall nahmen sie mich nicht mehr gern mit. Und in letzter Zeit habe ich oft das Gefühl, dass ich in eine Art Trance falle. Wenn ich wieder zu mir komme, stelle ich fest, dass unglaublich viel Zeit verstrichen ist. Ich habe aber keine Erinnerung daran, was ich gemacht habe. Vielleicht bin ich krank.»

Er schaute finster drein. Ich wusste nicht, inwieweit ich ihn danach fragen durfte. Deswegen fragte ich vorsichtig, ob er in dieser Angelegenheit schon einen Arzt aufgesucht hätte.

«Ja, ich habe mich untersuchen lassen. Der Arzt hat mir gesagt, dass ich mir keine Sorge zu machen brauche. So was passiert älteren Menschen immer wieder. Aber das ist jetzt schon sechs oder sieben Jahre her. Damals wollte der Arzt unbedingt meinen Sohn sprechen. Vielleicht hat der Arzt mir etwas Wichtiges vorenthalten und nur meinem Sohn die Wahrheit gesagt. Ich weiß es nicht.»

Er erzählte weiter von seinem Leben: dass er über vierzig Jahre bei einer bekannten Handelsfirma gearbeitet hatte, dass er nach dem Krieg Tag und Nacht in der Firma arbeiten musste. Manchmal habe man sogar in der Firma geschlafen. Dass er, als er sechzig Jahre alt geworden war, in Pension ging wie alle anderen auch und dass es ihm sehr schwergefallen sei, ohne tägliche Beschäftigung zu leben. Er habe dann noch weitere sieben Jahre bei einer kleinen Firma gearbeitet. Nachdem er sein Berufsleben schließlich endgültig beendet hatte, fühle er sich oft unnütz und wie ein Klotz am Bein seiner Familie.

«Oh, entschuldigen Sie bitte, ich hatte keine Absicht, Sie mit meiner langweiligen, belanglosen Geschichte zu behelligen. Ich bin jetzt hier glücklich. Meine Kinder haben die Kosten für diese Reise getragen. Ich genieße die Reise.» Er zündete sich eine neue Zigarette an.

Wir fuhren nach dem Mittagessen weiter nach Toledo. Diese wunderschöne Stadt liegt ungefähr siebzig Kilometer südlich von Madrid. Toledo zählt zu den ältesten Orten Spaniens. Das stimmungsvolle mittelalterliche Gassengewirr wird dominiert von der Kathedrale und dem Alcázar. Auf das Engste ist Toledo aber mit El Greco verbunden, der sich hier niedergelassen hatte. Im Bus hielten sich alle Kunden an den spanischen Brauch der Siesta – sie schliefen. Ein halbe Stunde später aber wurden alle aus dem Schlaf geschreckt. Herr Hasegawa rief nämlich laut in die Runde.

«Fiel das Programm in Madrid aus? Und wann bekomme ich endlich mein Mittagessen? Ich kriege langsam Appetit.»

Bitte nicht! Der Albtraum aus dem Flugzeug wiederholte sich. Die anderen Reisegenossen guckten reichlich verstört. Sicherlich dachten sie, dass der Alkohol beim Mittagessen seine Wirkung tat.

«Herr Hasegawa, machen Sie Spaß? Wir sind gerade in Madrid gewesen. Und vor dreißig Minuten haben wir gegessen», sagte Herr Shimada beruhigend.

«Ja, genau! Haben Sie das denn vergessen?», riefen daraufhin die anderen Kunden unisono.

«Wir waren vorhin gerade im Prado. Sie waren ganz begeistert von den Werken von El Greco und Velázquez. Und wir aßen auch schon eine ganze Menge Paella!»

Dieser Wortwechsel führte dazu, dass ihn die anderen Reiseteilnehmer endgültig als Wahnsinnigen betrachteten. In unserem Bus war es plötzlich mucksmäuschenstill. Zu allem Überdruss nutzte unser Busfahrer diese Pause, aus welchem Grund auch immer, uns von einem schweren Busunglück vor einer Woche zu berichten. Viele japanische Touristen seien dabei verunglückt. Leider habe einer seiner Kollegen den Bus gefahren. Das wirkte nicht gerade aufmunternd.

Unsere Besichtigung in Toledo bestand aus dem Besuch der Kathedrale und der Kirche Santo Tomé, in der das «Begräbnis des Grafen von Orgaz», ein phänomenales Hauptwerk El Grecos hängt. Obwohl nur zwei Sehenswürdigkeiten auf dem Plan standen, mussten wir etwa zwei Stunden für die Besichtigung einrechnen, weil der Bus nicht in die Altstadt fahren durfte. Wir mussten den ganzen Weg zu Fuß gehen. In Toledo gibt es unzählige kleine Gassen, in denen sich links und rechts reizende Gebäude und Geschäfte befinden. Natürlich ließ es sich nicht vermeiden, kurze Abstecher beim Spazierengehen zu gestatten. Aber diese Altstadt war von Touristen geradezu überschwemmt, und wenn ich einen Kunden aus den Augen verloren hätte, hätte ich ihn nie wiedergefunden. Also flehte ich alle an, mit den anderen Reisekollegen Schritt zu halten. In der Kathedrale achtete ich auf Shimadas Rat hin hauptsächlich auf Herrn Hasegawa. Es schien, dass auf einen Zustand psychischer Benommenheit ein Zustand geistiger Klarheit folgte. Im Laufe eines Tages wechselten sich diese Zustände rhythmisch ab.

Ich hing mich an die Fersen von Herrn Hasegawa und ließ ihn nicht aus den Augen. Ich konzentrierte mich so intensiv auf ihn, dass ich nach ein paar Minuten meine Gruppe verloren hatte. In der großen Dunkelheit der Kirche konnte ich sie nirgendwo ausmachen. Aber Herr Shimada war ja bei ihnen. Ich versuchte daher gelassen zu bleiben und begleitete Herrn Hasegawa, der keine Lust mehr hatte, die Kirche weiter zu besichtigen, zum Ausgang. Ich wusste von den früheren Reisen, wo ich meine Gruppe wieder treffen konnte.

Herr Shimada ließ die Touristen nach der Besichtigung üblicherweise etwa zehn Minuten auf dem Platz vor der Kirche frei verbringen. Als ich mit Herrn Hasegawa aus der Kirche kam, sah ich noch niemanden aus meiner Gruppe. Sie mussten also alle noch in der Kirche sein. Ich entschied, draußen auf die anderen Gäste zu warten. Im nächsten Augenblick jedoch ging Herr Hasegawa zielstrebig auf einen kleinen Stand mit kitschigen Andenken zu. Den Besitzer des Standes kannte ich.

«Was machen Sie denn hier allein?», fragte er. «Wo ist denn Ihre Gruppe? Noch in der Kirche?»

Ich deutete flüchtig auf Herrn Hasegawa.

«Er hat kein Interesse an Kirchen. Ich warte hier auf die anderen.»

Der Besitzer winkte Herrn Hasegawa herbei und zeigte ihm seine Waren. Besonders ausführlich erklärte er eine Statue der heiligen Maria, die etwa einen halben Meter hoch war. Obwohl Herr Hasegawa kein Wort von dem verstand, was der Standbesitzer sagte, hörte er sich dessen Erläuterungen mit großer Aufmerksamkeit an. Da sah ich auch schon meine Reisegruppe aus der Kirche kommen, und nach der üblichen Pause gingen wir weiter zur Kirche Santo Tomé. Weil unser Weg immer noch durch ein labyrinthartiges Gassengewirr führte, fasste ich Herrn Hasegawa geradewegs bei der Hand.

«Entschuldigung, dass ich Ihre Hand nehme. Aber ich möchte Sie hier auf keinen Fall verlieren.»

Er entgegnete nichts, und sein Gesicht war ohne jeden Gefühlsausdruck. Aber als wir in eine belebte Straße mit vielen Geschäften einbogen, schlug die Situation plötzlich um. Herr Hasegawa riss sich mit Macht von mir los. Ich versuchte, mich bei ihm unterzuhaken. Diese Methode half aber auch nicht. Daraufhin beschloss ich, Herrn Hasegawa an eine Leine zu binden. Herr Shimada hatte fünf Minuten vorher vorsichtshalber eine besorgt. Es ist vielleicht nicht besonders respektvoll, jemanden festzubinden, aber ich wusste mir einfach nicht anders zu helfen. Und ich wollte ihn auf keinen Fall verlieren. Also band ich Herrn Hasegawa an mir fest. Allerdings fühlte ich mich miserabel dabei. Seine Augen schienen zu sagen «Ah, seht die Reiseleiterin an, sie hält mich wie ein Hündchen.» Aber vielleicht bildete ich mir das auch nur ein.

Am Abend telefonierte ich wieder mit meinem Chef in Japan. Er hatte neue Informationen. Es war ihm gelungen, den Sohn von Herrn Hasegawa zu erreichen. Dabei erfuhr er, dass die Familie bewusst geplant hatte, den alten Mann auf eine Reise zu schicken, um einmal in Ruhe Neujahr verbringen zu können. Der Sohn bestand darauf, dass Herr Hasegawa die Reise zu Ende machte. Mir blieb die Spucke weg. Ich konnte kaum glauben, was ich da hörte.

«Ich bin auf dieser Reise für alle zuständig, nicht nur für Herrn Hasegawa», schäumte ich vor Ärger. «Im Moment kümmere ich mich hauptsächlich um ihn. Das ist unfair den anderen gegenüber. Entweder es wird ein Flug zurück nach Japan für Herrn Hasegawa organisiert, oder es wird eine Aushilfe hergeschickt, die sich nur um ihn kümmert. Eigentlich bräuchte ich hier eine fachkundige Pflegekraft.»

Vor Aufregung bekam ich feuchte Hände.

«Ich stimme dir ja zu, dass er heimgeschickt werden sollte», sagte mein Chef am anderen Ende der Leitung. «Wir stimmen in diesem Punkt überein. Aber der Haken ist, dass wir keinen Flug bekommen haben. Es ist im Moment Hochsaison. Tut mir leid. Ich habe sogar mit einem Vorstand von Iberia gesprochen, und der hat beteuert, dass alle Flüge nach Japan überbucht seien.»

«Sei nicht so verzweifelt», versuchte er mich zu trösten. «So viel ich mitgekriegt habe, hast du gerade zu älteren Menschen einen guten Zugang. Du schaffst es. Da bin ich ganz sicher.»

Mit diesen Worten legte er auf, und ich war mit meinem Ärger allein. Andererseits konnte ich meinem Chef auch nicht richtig böse sein, denn offensichtlich hatte er alles versucht. Auch ihm waren die Hände gebunden. Was für ein passender Ausdruck!

Wir verließen Madrid und fuhren mit dem AVE, dem spanischen ICE, nach Córdoba. Vom achten bis ins elfte Jahrhundert war Córdoba die glanzvolle Stadt der Kalifen von Al-Andalus. Die wichtigste Sehenswürdigkeit in dieser Stadt war die Mezquita, eines der großartigsten Werke islamischer Baukunst. Wir betraten durch «das Tor der Vergebung» den Vorgarten. Als es hier noch eine Moschee gab, wuschen die Moslems sich in diesem Vorgarten, bevor sie die Moschee betraten. Der Raumeindruck, wenn man das Gebäude betritt, ist überwältigend. Mehr als 800 Säulen verdichten sich zu der viel zitierten Säulenwand. Der unumstrittene Höhepunkt der Mezquita ist der Mihrab, die Gebetsnische.

Nach der Besichtigung der Mezquita gingen wir durch La Judería, das Judenviertel, spazieren. Dieser Irrgarten aus schmalen, verwinkelten Gassen und die prächtig mit Blumen dekorierten Innenhöfe verströmen noch immer eine orientalische Atmosphäre. Besonderes Gedränge herrscht in der Calleja de las Flores. Das pittoreske Blumengässchen mündet in einen hübschen Platz, von dem sich ein Postkartenblick auf den Glockenturm der Kathedrale bietet.

Nach dem Mittagessen musste ich ein wichtiges Telefonat mit dem Büro in Granada führen und bat Herrn Hasegawa darum, in meiner Nähe zu bleiben. Während ich telefonierte, deutete er mir an, auf die Toilette gehen zu wollen. Dabei zeigte er mit dem Finger auf ein öffentliches WC. Ich nickte ihm kurz zu, um ihm anzuzeigen, dass ich verstanden hatte. Ich hatte gerade mein Handy zugeklappt, da kamen Frau Tajima und Frau Sakashita, völlig außer Atem, auf mich zugelaufen.

«Frau Reiseleiterin, schnell. Sie müssen kommen. Herr Hasegawa hat ein Problem mit einem Ladenbesitzer.»

Herr Hasegawa? Hatte er mir nicht gerade gesagt, dass er auf die Toilette gehen wollte? Verwirrt eilte ich mit den beiden Frauen zu einem kleinen Geschäft. Laute Stimmen und Herr Hasegawa mittendrin. Ziemlich viele Einheimische standen vor dem Geschäft herum, neugierig, was da los war. Ich drängte mich durch die Menge. Ein Mann, der scheinbar der Besitzer des Geschäftes war, fuchtelte mit einem Arm herum, mit dem anderen hatte er Herrn Hasegawa gepackt. Der stand da wie ein begossener Pudel. Er verstand gar nicht, was um ihn herum geschah. Der Ladenbesitzer sprach mich an.

«Sind Sie für den Mann verantwortlich? Er hat das ganze Durcheinander hier verursacht. Sämtliche Flaschen hier hat er heruntergeworfen. Gucken Sie sich doch mal um. Ich habe ihm schon gesagt, er soll hier nicht mit seinem großen Rucksack rumlaufen. Aber er hat nicht gehört. Das muss alles bezahlt werden.»

Ich blickte auf den Haufen von zerbrochenen Flaschen auf dem Boden und dann auf den halb benommenen Herrn Hasegawa mit seinem großen Rucksack. Um weitere Schwierigkeiten zu vermeiden, hatte ich keine andere Wahl, als den Besitzer um Verzeihung zu bitten. Wenn Herr Hasegawa in dem Geschäft Schaden angerichtet hatte, musste dafür natürlich bezahlt werden. Ich überlegte, was ich sagen sollte. In diesem Moment flüsterte Frau Sakashita mir ins Ohr, dass alles eine inszenierte Falle sei.

«Die zwei Jungen dort hinten haben die Flaschen mit voller Absicht fallen lassen. Herr Hasegawa betrat erst danach den Laden. Wir waren vorher schon hier und haben alles gesehen.»

Das änderte die Sache natürlich.

«Ich habe gerade gehört, dass es gar nicht stimmt, was Sie da gesagt haben», sagte ich. «Die beiden Damen waren hier und haben gesehen, was passiert ist.»

Meine Äußerung überraschte den Ladenbesitzer offensichtlich, denn er blickte mich ganz verdutzt an.

«O.k. Das mit den Flaschen, darüber kann ich hinwegsehen», erwiderte er mit unerschütterlicher Miene. «Aber das ist nicht alles. Er hat mir manche Sachen geklaut. Er wollte, ohne zu bezahlen, das Geschäft verlassen. Wenn Sie mir nicht glauben, stecken Sie doch Ihre Hand in seine Tasche, und sehen Sie selbst, was sich dort findet. Ich hätte gute Lust, die Polizei zu rufen.»

Eine große Wut stieg in mir auf. Ich konnte mir nicht vorstellen, dass Herr Hasegawa etwas gestohlen hatte. Mir lagen ein paar Schimpfwörter auf der Zunge, aber ich versuchte, Ruhe zu bewahren.

«Das ist völlig aus der Luft gegriffen. Der Herr ist unschuldig! Wenn Sie aber weiter darauf bestehen, dass er Sie bestohlen hat, dann müssen wir die Polizei rufen und alles untersuchen lassen.»

Entschlossen blickte ich dem Ladenbesitzer in die Augen.

In diesem Augenblick bahnte sich ein Mann einen Weg durch die Menge ins Geschäft. Das Chaos in dem Laden verblüffte ihn so, dass er ein paar Sekunden nichts zu sagen wusste.

«Was ist denn das für eine Aufregung hier?», fragte er schließlich. «Ich hatte dich nur gebeten, dich ein bisschen um das Geschäft zu kümmern, Petrus, und nicht, einen Aufstand anzuzetteln.»

Der Neuankömmling tadelte den Besitzer, und dann blickte er verständnislos auf mich. Als ich ein ganz verblüfftes Gesicht machte, fügte er endlich hinzu:

«Ich heiße Claudio, ich bin der Besitzer dieses Geschäftes. Was ist in aller Welt passiert? Warum sind alle so in Aufregung?»

Ich hatte keine Ahnung mehr, wem ich nun vertrauen sollte. Wer war denn nun der Besitzer des Ladens?

Wie sich herausstellte, schien Claudio der wahre Besitzer zu sein. Ich erzählte ihm den bisherigen Verlauf der Ereignisse. Dabei kehrte mein Ärger wieder zurück. Überraschenderweise reagierte er sehr höflich und verständnisvoll.

«Es tut mir wirklich leid, dass Petrus Ihnen und dem Herrn Unannehmlichkeiten bereitet hat. Petrus ist ein guter Kerl, manchmal aber schießt er ein bisschen über das Ziel hinaus. Er hat erst vor zwei Monaten angefangen, hier zu arbeiten. Er braucht erst noch eine gute Ausbildung. Und jetzt möchte ich Ihnen und dem Herrn noch mal sagen: Entschuldigung!»

Im Bus nach Granada konnte ich meinen Ärger über den Vorfall lange nicht vertreiben. Aber irgendwann wurde ich doch wieder ruhiger. Es war ja, Gott sei Dank, nochmal alles gut gegangen. Ich atmete tief durch und schloss für einen kleinen Augenblick die Augen. Da hörte ich Herrn Hasegawa hinter mir rufen.

«Wo bin ich jetzt? … Wer bin ich eigentlich?»

«Sie sind Herr Hasegawa und gerade in Spanien. Kurz vor der Stadt Granada», antwortete ich nüchtern.

«Entschuldigung, ich weiß nicht, wer Sie sind, aber wenn Sie etwas zum Essen haben, bitte geben Sie mir etwas. Ich habe einen Riesenhunger. Ich habe die letzte Mahlzeit versäumt. Ich danke Ihnen.»

«Ja, ich habe etwas zum Essen. Wenn Sie so großen Hunger haben ... Übrigens bin ich Ihre Reiseleiterin.»

Ich gab Herrn Hasegawa einen Schokoladenriegel.

In Granada stand die Alhambra auf dem Besuchsprogramm. Sie ist die größte Kostbarkeit Granadas, weltberühmt und die meistbesuchte Sehenswürdigkeit Spaniens. Natürlich war das ein Muss für uns. Als wir vor dem Eingang der Nasridenpaläste die Stadtführerin abholten und mit der Besichtigung anfangen wollten, streckte Herr Hasegawa mir seinen rechten Arm entgegen, um wieder festgebunden zu werden. Obwohl ich mich schon daran gewöhnt hatte, an Herrn Hasegawa gebunden durch die Straßen zu gehen und die verständnislosen Blicke der Passanten auf mich zu ziehen, hatte ich einen Kloß im Hals, als ich den ausgestreckten Arm von Herrn Hasegawa sah.

Sylvester verbrachten wir am Meer in Marbella. Wir trafen uns kurz vor Mitternacht am Strand, und beim Traubenessen – einer Tradition in Spanien – wünschten wir uns alle Glück für das neue Jahr. Manche Kunden standen am ersten Tag des Neuen Jahres sehr früh auf, um den ersten Sonnenaufgang des Jahres anzuschauen. Ich verzichtete darauf und blieb lieber ein bisschen länger im Bett. Im Frühstücksraum wünschten wir uns alle noch einmal ein gutes neues Jahr. Auch Herr Hasegawa mischte mit.

«Ein gutes neues Jahr! Übrigens: ist heute irgendein besonderer Tag?»

Sevilla verlief reibungslos, und so kamen wir langsam zum Endpunkt unserer Reise: Barcelona. Nur zwei Tage noch, dachte ich, dann hast du es geschafft. Nur zwei Tage noch.

Nach dem letzten gemeinsamen Mittagessen, fuhren meine Kunden nach Monserrat, einem berühmten Wallfahrtsort. An diesem Nachmittag übergab ich meine Gruppe ausnahmsweise dem Stadtführer. Denn um unsere Sitzplätze im Rückflug zu bestätigen, musste ich zum Flughafen fahren. Heutzutage kann man alles telefonisch erledigen. Aber damals mussten die Flüge und Sitzplätze in Spanien einen Tag vor dem Abflug persönlich bestätigt werden. Das war ziemlich umständlich.

Ich erzählte dem Stadtführer, wie er sich um Herrn Hasegawa kümmern sollte und gab ihm eine ziemlich große Menge Schokolade und Gebäck für ihn mit. Sein Appetit war mittlerweile ja bekannt. Ich bat außerdem ein paar nette Kunden, auch etwas auf Herrn Hasegawa aufzupassen. Gegen 18 Uhr war ich zurück im Hotel, da liefen ein paar Teilnehmer aus meiner Gruppe auf mich zu, offenbar gut zurückgekommen von ihrem Ausflug. Sie waren aber ganz aufgeregt.

«Herr Hasegawa ist weg!»

«Er ist verschollen!»

«Er war nirgends mehr zu sehen. Von ihm fehlt jede Spur.»

Als ich diese Nachricht hörte, wurde mir schwarz vor Augen. Wir liefen zuerst zu seinem Zimmer. Ich klopfte, aber es war nichts zu hören. Ich klopfte abermals, vergeblich. Meine Kunden boten an, mir bei der Suche nach Herrn Hasegawa behilflich zu sein. Über vierzig Personen schwärmten aus. Ich erzählte niemandem davon, aber ich hatte noch einen anderen Grund, warum ich mir um Herrn Hasegawa große Sorgen machte.

Unser Hotel in Barcelona war ein Fünf-Sternehotel. Die Lage war hervorragend, und die Zimmer waren schön groß. Aber es gab das furchterregende Gerücht, dass immer wieder Gäste in diesem Hotel verschwanden und nie wieder auftauchten. Einen Fall hatte ich selbst miterlebt.

Etwa drei Monate vor unserer Übernachtung kam eine japanische Reiseleiterin in diesem Hotel auf sehr seltsame Art ums Leben. Schauerlich war, dass ich selbst an jenem Tag ebenfalls in dem Hotel übernachtet hatte. Und einen Tag vor ihrem Tod hatte ich sie zufälligerweise kennengelernt. Unsere Gruppen teilten sich den Speisesaal, und wir beide aßen zusammen an einem separaten Tisch.

Sie erzählte mir, dass sie vor zwei Monaten geheiratet habe und nur noch ein paar Reisen übernehmen werde. Sie strahlte vor Glück. Ich beglückwünschte sie dazu und bot ihr meinen Wein an, da ich keinen Alkohol trinke. Sie bedankte sich für mein Angebot und erklärte, dass auch sie keinen Alkohol trinke. Also stießen wir mit Wasser an. Wir mussten beide am nächsten Tag früh abfahren, deswegen gingen wir nach dem Essen sofort ins Bett.

Am nächsten Morgen sah ich sie nicht im Frühstücksraum, aber ich dachte mir nichts dabei. Manche Reiseleiter verzichten auf das Frühstück. Als wir abfuhren, sah ich nur, dass ihre Gruppe noch nicht startbereit war, und dass sich viele Menschen vor dem Hotel drängten. Erst als ich wieder in Japan war, erfuhr ich die entsetzliche Wahrheit: Die Frau, mit der ich zu Abend gegessen hatte, war tot. Sie war offensichtlich aus dem Fenster ihres Zimmers gestürzt. Sie soll völlig betrunken gewesen sein. Das war die Version des Hoteldirektors.

Ein paar Wochen später hörte ich jedoch eine andere Version der Geschichte: Die Reiseleiterin sei in ihrem Zimmer überfallen worden. Das gesamte Geld wurde geraubt. Der Täter wickelte sie in das Bettzeug, band das Ganze zusammen wie ein Bonbon und warf sie aus dem Fenster. Es war nichts anderes als Mord. Ihr Ehemann, der sofort nach Barcelona geeilt war, hatte versucht, der Sache auf den Grund zu gehen und darum gebeten, Ermittlungen einzuleiten – ich wäre auch bereit gewesen auszusagen –, aber die Behörden in Spanien verweigerten bockbeinig die Zusammenarbeit. Für sie stand fest, dass es ein Unfall oder Selbstmord war.

«Da ist er», schrie Frau Yonezawa. Herr Hasegawa stand an der Hotelbar und war vollkommen betrunken. Als er uns entgegenkommen wollte, riss er eine Stehlampe um. Er versuchte, die Lampe wieder aufzuheben, trat aber dabei auf den Schirm und ruinierte sie vollends. Er schwankte derart, dass wir ihn mit vereinten Kräften aufs Zimmer bringen mussten. Jetzt musste er erst einmal seinen Rausch ausschlafen. Das letzte Abendessen fand ohne ihn statt – in angenehmer sorgloser Ruhe.

Auf dem Rückflug bestellte Herr Hasegawa wieder fünf Essen, die er alle verdrückte. Ich musste schmunzeln. Wie konnte man nur so einen Appetit haben? Als unsere Maschine nach einem langen Flug in Narita ausrollte, war mir eine Last vom Herzen genommen. Ich spürte eine Woge der Erleichterung. In der Ankunftshalle übergab ich Herrn Hasegawa seiner Familie. Zum Abschied gab mir eine junge Frau, vermutlich seine Enkelin, einen Umschlag. Er enthielt zwei lange Briefe.

Das war der Wortlaut:

«Als ich noch ledig war und bei einer Firma arbeitete, hatte ich wochentags sehr viel zu tun. Ich hatte nie Zeit für mich selbst. Auch an den Wochenenden war ich immer beschäftigt. Diese Situation frustrierte mich manchmal. Nachdem ich geheiratet hatte, hatte ich noch immer viel zu viel zu tun und musste ständig meine persönlichen Angelegenheiten auf den nächsten Tag verschieben. Mein Mann verdiente damals nicht gut genug, also musste ich auch etwas dazu beitragen. Aber nachdem der Großvater meines Mannes an Alzheimer erkrankt war, musste ich seiner Mutter bei der Pflege helfen. Allein hätte sie es nicht geschafft, weswegen ich meine Arbeit kündigte. Nachdem seine Mutter ein paar Monate später auch krank wurde, blieb schließlich alles an mir hängen. Wieder hatte ich keine Zeit für mich. Die Pflege des Großvaters nimmt all meine Zeit in Anspruch. Immer stelle ich mir vor, wie mein Leben wohl wäre, wenn ich mich nicht um ihn kümmern müsste. Ich fürchtete, mein Leben würde mir entgleiten. Aber wie ließ sich das alles ändern, ohne ein Verbrechen zu begehen? Meine Freundinnen schlugen mir vor, mich scheiden zu lassen. Ich fühle mich in eine Ecke gedrängt und weiß nicht, wie ich da herauskommen soll. Aber ich bin sicher, dass eine Scheidung nicht die richtige Lösung ist. Abgesehen davon liebe ich meinen Mann. Also muss ich weiter machen. Ich nehme an, dass Sie mich für unmenschlich halten, den alten Mann allein reisen zu lassen. Aber können Sie begreifen, welchem Druck ich täglich ausgesetzt bin? Wenn Sie an meiner Stelle wären, würden Sie mein Verhalten sicher verstehen. Da bin ich mir sicher. Ich habe das Gefühl, dass nichts Besonderes, nichts Schönes mehr in meinem Leben kommt. Ein Tag scheint wie der andere, und ich kann mich nicht mehr erinnern, wann ich das letzte Mal etwas spontan gemacht habe. Einfach etwas, wozu ich Lust hatte. Ich sehne mich nur nach Ruhe, nach Zeit für mich selbst.» (Die Frau seines Enkels.)

Im zweiten Brief stand:

»Wir konnten beim besten Willen nichts anderes machen. Wenn wir keine Pause von meinem Schwiegervater eingelegt hätten, wäre die ganz Familie auseinandergebrochen. Vielleicht kann ein Dritter es nicht verstehen, wie das Leben ist, wenn man einen Alzheimerpatienten in der Familie hat. Das Leben aller Familienangehörigen gerät durcheinander. Seit sieben Jahren placken wir uns mit seiner Pflege ab. Wir sind körperlich und seelisch total am Ende. Wenn wir erleben könnten, dass unser Vater sich auf dem Weg der Besserung befindet und wenn wir Hoffnung haben könnten, zu einem normalen Leben zurückzufinden, würden wir diese Situation besser ertragen können. Aber leider wird sein Zustand immer schlechter. Wissen Sie, wie man sich fühlt, wenn der Mann, um den Sie sich jeden Tag kümmern, immer wieder fragt: «Wer sind Sie? Kenne ich Sie?» (Seine Schwiegertochter)

Die rote Leine, die Herrn Hasegawa und mich auf der ganzen Reise verbunden hatte, habe ich immer noch irgendwo zu Hause liegen.

Playboy im türkischen Bad

Es war Mitte März, als ich mit zwanzig jungen Leuten für dreizehn Tage in die Türkei flog. Außer einer alleinstehenden Frau waren alle Studenten. Sie hatten gerade ihr Studium abgeschlossen und wollten noch einmal eine größere Reise unternehmen, bevor sie ins Berufsleben einstiegen. Die große Mehrzahl waren Frauen. Die Türkei ist ein etwas exotischeres Reiseziel für Japaner. Die meisten zog es eher in die großen europäischen Metropolen wie London, Paris oder Rom.

In der Türkei bekamen wir immer einen lokalen Reiseleiter an die Seite. In der Regel war es jemand, der an einer Universität Japanisch studiert hatte und daher passabel Japanisch sprach. Das bedeutete nur die halbe Arbeit für mich. Deshalb beschloss ich, diese Reise mit den jungen Teilnehmern auch etwas zu genießen.

Erster Zielort war Ankara. Dazu mussten wir in Istanbul umsteigen. Aber am Flughafen in Istanbul kam es zu einer Verzögerung. Wir saßen schon seit mehr als einer

Stunde im Flieger, der aber blieb am Gate stehen. Niemand informierte uns darüber, was los war, und die Passagiere wurden langsam unruhig. Da kam ein weiterer Fluggast eilenden Schritts herein und nahm neben mir auf der anderen Seite des Gangs Platz. Kaum hatte er sich gesetzt, wurden die Türen geschlossen, und wir fingen an zu rollen. Scheinbar hatten wir nur auf ihn gewartet. Ich schielte ihn mit einem stillen Vorwurf an. Da griff er über den Korridor hinweg plötzlich meinen Arm und zog mich gewaltsam zu sich. Bevor ich so richtig kapierte, was mir widerfuhr, flüsterte er mir ins Ohr, er sei der für uns zuständige Reiseführer. Dann küsste er mich auf die Wange, tätschelte mir die Hand und blinzelte mir mit einem Auge zu.

Vor Verblüffung war ich unfähig, mich zu bewegen oder sonst irgendwie zu reagieren. Ich starrte ihn lediglich wortlos mit offenem Mund an. Glücklicherweise hatte keiner meiner Kunden diese Szene mitgekriegt, sonst hätten sie auf die Idee kommen können, ich hätte mit diesem Mann, den ich noch nie in meinem Leben zuvor gesehen hatte, ein Verhältnis. Spätestens jetzt jedenfalls hatte ich bei Ahmet – mit diesem Namen hatte er sich mir vorgestellt – kein gutes Gefühl. Meine Ahnung trog mich nicht. Abends im Hotel baggerte er mich schon wieder an.

«Wir sollten heute noch ein paar Punkte des Reiseplans besprechen», sagte er und legte seine Hand auf meine. «Ich habe auch eine gute Flasche Wein auf meinem Zimmer. Wir können es uns bei mir bequem machen.»

Ich blickte ihn verblüfft an.

«Ein guter Teamgeist ist der Schlüssel zum Erfolg», fügte er hinzu und grinste.

«Ja, ein guter Teamgeist ist sehr wichtig», entgegnete ich hastig, «aber erstens trinke ich keinen Alkohol, und zweitens war heute ein sehr langer Tag. Ich bin hundemüde und habe keine Kraft mehr, mit Ihnen den ganzen Reiseplan nochmals durchzugehen. Wissen Sie, wie spät es ist? Es ist schon zwanzig nach zwölf. Wir sollten jetzt lieber ins Bett gehen. Wir können ja morgen beim Mittagessen darüber sprechen.»

«Aber sollten wir das Reiseprogramm nicht noch jetzt miteinander vergleichen, nur um sicherzugehen?»

«Ich glaube nicht, dass sich unsere Pläne unterscheiden.»

«Es kann aber immer Missverständnisse geben», sagte er.

Darauf erwiderte ich nichts. Wir stiegen aus dem Aufzug und gingen zu unseren Zimmern, die unglücklicherweise direkt nebeneinander lagen. Ahmet ließ nicht locker. Unaufhörlich versuchte er, mich unter einem Vorwand auf sein Zimmer zu locken. Schließlich gelang es mir doch, in meinem Zimmer zu verschwinden und ihm die Tür vor der Nase zuzuschlagen. Kurz darauf klingelte das Telefon. Ahmet! Er erklärte mir, dass er sehr charmant sei und viele Frauen auf ihn stünden. Viele Reiseleiterinnen seien sehr zufrieden mit ihm gewesen. Er sei ein hervorragender Liebhaber.

«Ich habe kein Interesse an Ihnen. Lassen Sie mich jetzt bitte in Ruhe.»

Ich legte abrupt den Hörer auf. Danach läutete das Telefon noch drei Mal, aber ich ging nicht mehr dran.

Trotz meiner deutlichen Zurückweisung am ersten Abend gab Ahmet nicht auf. Während der Busfahrten betätschelte er mich oft, da er direkt neben mir saß. Er streichelte meine Hand und meine Wange, strich mir über den Rücken und die Oberschenkel. Wenn ich allein, ohne meine Reisegruppe, gewesen wäre, hätte ich ihm eine schallende Ohrfeige verpasst. Unsere Sitzbank war in der ersten Reihe neben dem Busfahrer, deswegen konnte niemand der anderen Gäste sehen, was er tat. Ich änderte ständig meine Sitzposition, um seinen Berührungen zu entkommen. Irgendwann gab ich auf und versuchte, sein Verhalten einfach zu ignorieren. Vielleicht war keine Reaktion die wirksamste Maßnahme.

Der schlimmste Vorfall ereignete sich jedoch in einem türkischen Bad in Izmir. Weil alle Kunden das türkische Bad benutzen wollten, ging auch ich mit. Es konnte ja sein, dass irgendwelche Probleme oder Fragen auftauchten, bei denen ich Unterstützung leisten musste. Die Aufgaben einer japanischen Reiseleiterin sind ziemlich umfassend.

Das Dampfbad war sehr großzügig angelegt, und alle Baderäume waren mit blauen Fliesen sehr schön verziert. Der einzige Schönheitsfehler war, dass es keine nach Geschlechtern getrennten Räumlichkeiten gab. Alle Dampfbäder waren gemischt.

In einer Ecke des größten Raumes, hinter einem einfachen Wandschirm, gab es ein paar Stahlbetten, auf denen man sich massieren lassen konnte. Da ich so viele Kunden in das Bad gebracht hatte, bot mir der Chef der Massage-Abteilung eine kostenlose Massage als kleines Dankeschön an. Da sagte ich nicht nein. Ich ließ mich auf dem Bett nieder und eine Masseurin fing an, mich zu kneten. Es war so angenehm, dass ich auf dem Bauch liegend eindöste.

Als ich, von einer seltsamen Berührung geweckt, aufblickte, sah ich Ahmet vor mir, splitternackt und mit einem blöden Grinsen im Gesicht. Schnell senkte ich meinen Blick, da fing er auch schon an, meine Oberschenkel zu betatschen. Ich wollte mich entwinden, aber es gelang mir nicht, weil mich die Masseurin, die offenbar mit ihm unter einer Decke steckte, festhielt. Verdammt! Mit aller Kraft riss ich mich los, machte eine schwungvolle Körperdrehung und versetzte Ahmet eine Ohrfeige, die sich gewaschen hatte. Ein satter Knall dröhnte durch den ganzen Raum. Ahmet taumelte nach hinten und hielt sich nur mit Mühe am Bettrahmen fest. Sein blödes Grinsen war zum ersten Mal verschwunden.

Am Abend im Hotelzimmer schrieb ich einen ausführlichen Bericht über Ahmets Verhalten. Ich schickte diesen Brief als Fax einmal nach Istanbul zu dem Reisebüro, für das Ahmet arbeitete, und auch nach Tokio an meinen Chef. Ich markierte die erste Seite extra mit «Achtung, sehr wichtig» in Großbuchstaben und doppelt unterstrichen. Doch beide Faxe blieben unbeantwortet, wie erwartet! Für Schwierigkeiten, die einer Reiseleiterin widerfuhren, interessierte sich niemand. Auf eine noch so belanglose Beschwerde eines Kunden dagegen hätten beide Chefs zweifellos sofort reagiert, da würde ich wetten. Nichtsdestotrotz schien meine Ohrfeige Wirkung zu zeigen, denn vom nächsten Tag an ging Ahmet deutlich auf Distanz zu mir und unterließ seine Annäherungsversuche. Ich konzentrierte mich ganz auf die professionelle Abwicklung der Reise.

Als ich später, wieder zu Hause in Tokio, mit meinem Chef über die Reise sprach, und ich noch einmal von dem untragbaren Verhalten des lokalen Reiseführers berichtete, versprach er mir, sich um die Sache zu kümmern und das türkische Reisebüro in Istanbul zu kontaktieren. Ahmet sollte keinen Auftrag mehr von unserer Firma bekommen.

Das Reisebüro in der Türkei schickte uns daraufhin ein knappes Fax, in dem stand, dass meine Geschichte erstunken und erlogen sei und dass, wenn ich nicht aufhören würde, solche aus der Luft gegriffenen Gerüchte zu verbreiten, ich mit einer Verleumdungsklage zu rechnen habe. Ich war ziemlich wütend über diese Unverfrorenheit, aber mein Chef riet mir, die ganze Sache einfach zu vergessen. Es fiel mir schwer, aber ich versuchte es.

Etwa zwei Wochen nach dieser Türkeireise erhielt ich einen Anruf von einer Reiseteilnehmerin. Unwillkürlich erinnerte mich die Unterhaltung mit ihr an den widerlichen Ahmet, und mein Ärger kam wieder hoch.

Die Anruferin hieß Akiko und war zwanzig Jahre alt. Sie hatte vor kurzem ihre Ausbildung zur Krankenschwester abgeschlossen. Ab April würde sie in einem Krankenhaus arbeiten. Sie war ein heiteres, temperamentvolles und sehr geselliges Mädchen. Auf unserer Reise hatte ich mich oft mit ihr unterhalten. Beim Abschied am Flughafen in Tokio fragte sie mich, ob wir uns irgendwann einmal treffen könnten. Deshalb hatte ich ihr meine Telefonnummer gegeben.

Am Telefon kam sie schnell auf ein überraschendes Thema zu sprechen. Akiko erzählte, dass sie mit Ahmet während unserer Reise eine Affäre hatte. Das Ganze hatte schon am ersten Abend begonnen. Gegen 2 Uhr morgens, so berichtete sie, als sie schon tief geschlafen hatte, habe Ahmet sie angerufen und gebeten, allein, ohne ihre Freundin, mit der sie sich ein Zimmer teilte, in die Hotelbar zu kommen. Er wollte sie zum Trinken einladen. Sie ließ sich darauf ein und an der Hotelbar habe Ahmet ihr sein Herz entdeckt. Sie sei ziemlich schnell beschwipst gewesen und am Ende sei es ihr sogar schwer gefallen, das Gleichgewicht zu halten, obwohl sie insgesamt nur ein Glas Wein getrunken hatte. Er habe ihr netterweise angeboten, sie zu ihrem Zimmer zu begleiten.

«Wir sind einen Flur entlanggegangen, der lediglich durch ein Notausgang-Schild schwach beleuchtet wurde», erzählte sie. «Dabei hat er mich berührt, was mich seltsam berauschte. Schließlich sind wir in seinem Zimmer gelandet. Ich habe an diesem Abend mit ihm geschlafen. Das war überhaupt für mich die erste Erfahrung mit einem Mann.»

«Ich hoffe, dass du nicht missbraucht wurdest», sagte ich.

«Nein, ich habe mit ihm in vollem Einverständnis geschlafen. Obwohl ich ein bisschen betrunken war, war ich mir sehr bewusst, was ich gerade tat. Ich hatte natürlich große Angst, aber er war sehr nett. Und sonst hätte ich mich nicht mit ihm jeden Tag heimlich verabredet.»

«Jeden Tag?» Vor lauter Entsetzen rutschte mir diese Frage heraus.

«Ja, jeden Tag.»

«Hat sich deine Freundin darüber nicht beschwert, dass sie immer allein im Zimmer gelassen wurde?»

«Sie hat nichts davon mitgekriegt. Weil wir uns immer getroffen haben, nachdem meine Freundin eingeschlafen war. Gott sei Dank, sie ist immer ziemlich früh ins Bett. Wahrscheinlich hat das volle Programm tagsüber sie sehr müde gemacht, und sie hat jede Nacht wie ein Stein durchgeschlafen. Auf der Reise habe ich mich ihr gegenüber natürlich immer ein bisschen schuldig gefühlt, aber ich konnte nicht anders, ich liebe ihn. Und wenn ich ganz ehrlich sein darf: Ich habe sehr bedauert, dass ich zusammen mit meiner Freundin an dieser Reise teilgenommen habe. Wenn ich allein gewesen wäre, hätte ich ohne Hemmungen die ganze Nacht mit ihm verbringen können.»

Sie schwieg kurz.

«Wir haben uns jede Nacht getroffen», fuhr sie fort, «manchmal an der Bar und manchmal in seinem

Zimmer. Er hat mich ab der zweiten Nacht immer spätestens um Mitternacht zurückgeschickt. Er meinte, es schickt sich nicht, zu lange von meiner Freundin weg zu sein. Sie könnte sonst etwas bemerken. Ich glaube, er hatte Angst davor, ertappt zu werden. In Istanbul hat er mich, als wir einen halben Tag zur freien Verfügung hatten, zu seiner luxuriösen Wohnung gefahren! Sie liegt in einer sehr schönen Gegend, abseits vom Menschengedränge, von hupenden Autos und vom ständigen Lärm. Und von dem großen Fenster des vierzehnten Stockwerks aus hatte man einen wunderbaren Blick auf den Bosporus. Dieser Abend war total romantisch. Ich habe fast geglaubt, ich wäre in einem Film. Leider durften wir nicht die ganze Nacht da bleiben, um unser Verhältnis, wie gesagt, vor meiner Freundin und den anderen zu verbergen.»

Ich war mehr als überrascht von ihrer Enthüllung. Um Akiko meine Verwirrung nicht anmerken zu lassen, fragte ich sie, so gelassen ich konnte:

«Warum hast du mich heute angerufen und mit mir über diese Affäre gesprochen?»

Sie zögerte einen Augenblick, dann hörte ich, wie sie tief durchatmete.

«Ich möchte in die Türkei fliegen», sagte sie, «zu ihm. Er hat mir am Flughafen einen Heiratsantrag gemacht. Er hat mir gesagt, er kann sich nicht mehr vorstellen, ohne mich zu leben. Ich bin nur deswegen nach Japan zurückgeflogen, weil ich meine zukünftige Stelle kündigen und alle Papiere besorgen wollte, die ich für die Heirat und die Einwanderung benötige.»

Bei ihren Worten kam mir tatsächlich eine Szene in den Sinn, die ich aus den Augenwinkeln bei der Abreise am Flughafen in Istanbul zwar mitbekommen, aber längst wieder vergessen hatte. Ja, natürlich!

Wir hatten uns gerade von unserem Reiseführer verabschiedet und gingen zusammen durch die Sicherheitskontrolle zum Gate. Akiko war etwas zurückgeblieben und schien uns nur unwillig zu folgen. Dann bemerkte ich, wie sie mit Ahmet in eine schlecht einsehbare Ecke ging, wo die beiden sich innig umarmten. Im Flugzeug sah ich sie dann zerknirscht mit roten Augen wie ein Häufchen Elend dasitzen. Ich maß all dem aber nicht zu viel Bedeutung bei, und ich wollte auch nicht zu viel darüber nachdenken, denn ich war froh wieder nach Hause zu kommen.

Nun wurde klar, was damals abgelaufen war. Aber was sollte ich jetzt tun? Sollte ich ihr reinen Wein über diesen Schürzenjäger einschenken, ihr erzählen, dass er, während Akiko ein Verhältnis mit ihm hatte, auch mir nachstellte? Ich hatte das Gefühl, ich sollte ihr die Reise in die Türkei unbedingt ausreden.

«Du musst dir das noch mal gut überlegen, bevor du in die Türkei fliegst», ermahnte ich sie. «Du hast gerade erst deine Ausbildung hinter dir. Und du hast eine Stelle bekommen, die du dir gewünscht hast, nicht wahr? Du bist kurz davor, in deinem Traumberuf zu arbeiten. Und jetzt möchtest du diesen Traum aufgeben, alles für diesen Mann? Du kennst ihn überhaupt nicht richtig.»

Sie schwieg zunächst, wahrscheinlich hatte sie von mir mehr Unterstützung erwartet. Ihre Stimme verriet ihre Enttäuschung.

«Er hat mir ein Eheversprechen gegeben. Ich werde seine Frau. Ich habe mich schon darauf eingestellt, auf meine Karriere zu verzichten. Du wirst das nicht ändern. Ich liebe ihn. Verstehst du mich? Ich bin bald schon 21 Jahre alt, und ich kann die Konsequenzen meines Handelns selber tragen.»

«Ehrlich gesagt, ich bin mir nicht sicher, ob mit ihm alles gut laufen wird», erwiderte ich. «Und das Leben in der Türkei fällt dir bestimmt nicht leicht. Er spricht Japanisch, o.k., aber denk' mal nach, alle anderen Menschen in seiner Umgebung sprechen bestimmt nur Türkisch.»

«Eine Sprache kann man lernen», sagte sie leicht eingeschnappt. »Ich habe mir schon ein Türkisch-Lehrbuch gekauft. Und bestimmt braucht man auch in der Türkei Krankenschwestern.»

Ich merkte, dass es keinen Sinn machte, weiter auf sie einzureden, um sie von ihrem Vorhaben abzubringen. Ich war einfach nur ihre Reiseleiterin, nichts mehr. Zum Ende wünschte ich ihr eine gute Reise und ein glückliches Leben in der Türkei.

»Keiko-san, danke, dass du mir zugehört hast. Mir ist jetzt wesentlich leichter ums Herz. Ich verspreche dir, ich lass dich wissen, wie es mir geht, entweder per Brief, oder ich rufe dich an. Wenn du nächstes Mal in Istanbul bist, besuche ich dich im Hotel!»

Ich legte auf in der Hoffnung, dass ein solcher Tag wirklich kommen würde.

Ein paar Wochen später rief mich eine andere Teilnehmerin dieser Reise an, Minori. Ihr Anruf rief mir mit einem Schlag all die unangenehmen Erlebnisse ins Gedächtnis zurück, nicht nur von der Reise selbst, auch Akikos Geschichte.

«Können Sie etwas Zeit für mich erübrigen?», fragte Minori mich höflich.

Minori war die einzige Teilnehmerin, die keine Studentin mehr war. Sie war dreißig Jahre alt, etwas schüchtern und sehr zurückhaltend. Vielleicht war sie deswegen bis zum Ende der Reise eine Einzelgängerin in der Gruppe geblieben. Während alle anderen Teilnehmer mich schnell mit meinem Vornamen ansprachen, redete sie mich bis zum Ende höflich mit Nachnamen an.

«Ich möchte Sie nach der Reise nicht weiter stören, aber ich brauche unbedingt Ihre Hilfe.»

Ihre Stimme zitterte.

«Können Sie mir bitte helfen, mit unserem Reiseführer Ahmet in der Türkei in Kontakt zu kommen?»

«Wie bitte?», rief ich laut. Der verdammte Name brachte mich ganz aus der Fassung.

«Ich möchte gern seine Telefonnummer oder seine Adresse haben. Er gab mir zwar seine persönliche Handynummer, aber ich konnte ihn unter dieser Nummer nicht erreichen. Er hat sich bestimmt verschrieben, weil alles so schnell ging.»

«Warum möchten Sie denn mit ihm sprechen, wenn ich Sie fragen darf?»

Nach einigem Zögern erzählte Minori weiter.

«Bitte haben Sie kein falsches Bild von mir. Ich war heute beim Arzt, der hat mir gesagt, dass ich ein Kind erwarte.»

«Oh, das ist eine schöne Nachricht! Darf ich Ihnen dazu gratulieren?»

Während ich sie beglückwünschte, fragte ich mich: Warum ruft sie mich an, um mir das mitzuteilen? Aber im nächsten Moment packte mich blankes Entsetzen, als sie mir verriet, dass Ahmet der Vater des Kindes war. Ich traute meinen Ohren nicht und war so verblüfft, dass ich erst einmal nichts sagen konnte.

«Sind Sie sauer auf mich?», fragte Minori zaghaft.

«Nein, nein, ich bin gar nicht sauer auf Sie. Warum sollte ich auf Sie sauer sein. Aber wie in aller Welt können Sie ein Kind von Ahmet bekommen?»

Ich war so von Sinnen, dass ich keine vernünftige Frage stellen konnte. Nach einer kurzen Schweigepause erzählte sie mir, dass sie während der Reise eine intensive Affäre mit Ahmet hatte. Und da sei es wohl passiert.

Das konnte doch nicht mit rechten Dingen zugehen. Erst Akiko und jetzt Minori.

«Er hat mich am ersten Tag, es war schon in der Morgendämmerung, in meinem Zimmer angerufen. Er wollte mit mir sprechen. Am Anfang war ich nicht sicher, ob ich ihn in mein Zimmer lassen sollte oder nicht. Aber ich habe mich sehr einsam gefühlt, weil ich mich kurz vor der Reise von meinem Freund getrennt hatte, mit dem ich acht Jahre zusammen war. Und ehrlich gesagt, habe ich mich immer für Ausländer interessiert. Er hat gesagt, wir sprechen nur. Deswegen habe ich ihn in mein Zimmer gelassen. Nach seiner Erzählung hatte er sich auch vor kurzem von seiner Freundin getrennt. Sie hat ihn betrogen. Armer Ahmet! Bei seiner Geschichte wurde mir weich ums Herz. Dann haben wir zusammen Wein getrunken, den er von seinem Zimmer mitgenommen hat. Ich kann normalerweise ohne Problem viel Alkohol vertragen, aber in jener Nacht wurde ich komischerweise sehr schnell beschwipst. Er ist bei mir geblieben bis der Wecker geklingelt hat. Von da an haben wir jede Nacht zusammen verbracht.»

«Hat er Sie jeden Tag besucht? Jeden Tag? Ich möchte nicht nachbohren, aber war er wirklich jeden Tag bei Ihnen?»

Ich wollte nicht zu neugierig erscheinen, aber ich wollte wissen, wie es Ahmet gelang, sich jeden Tag mit zwei Frauen zu verabreden.

«Bitte machen Sie mir wegen der Affäre keinen Vorwurf.»

«Nein, ich werfe Ihnen nichts vor.»

«Er hat mich jeden Abend gegen Mitternacht, manchmal etwas später besucht, und wir haben, wie gesagt, die ganze Nacht zusammen verbracht. Ich habe ihn gebeten, etwas früher zu kommen, aber er hat mir gesagt, er müsse jeden Tag einen Reisebericht schreiben und seinen Chef anrufen. Deswegen könne er es nicht früher schaffen, obwohl er sich nichts sehnlicher wünschte, als mit mir zusammen zu sein. Sein Pflichtgefühl hat mich sehr beeindruckt, deswegen wollte ich mich auch nicht beschweren. Die Zeit mit ihm war wunderschön.»

Pflichtgefühl, dass ich nicht lache. Und es hatte in diesem Fall sogar einen Namen: Akiko.

So als hätte sie meine Gedanken erraten, sagte Minori: «Als ich sah, wie er Akiko am Flughafen umarmte, traute ich meinen Augen nicht, und ich war total entsetzt. Haben Sie das auch gesehen? Ich habe mich gefragt, was unsere gemeinsame Nächte bedeuteten. Für einen kurzen Moment dachte ich, dass er vielleicht auch Augen für andere haben könnte. Aber er kam dann gleich auf mich zu und hat mir versichert, dass er mit der Frau nichts zu schaffen habe, und er auch nicht wisse, was plötzlich in sie gefahren sei. Er vermutete, die Umarmung war eine Art ‚Dankeschön‘ für ihn. Er hat mir gesagt, solch dramatische Abschiedsszenen seien nicht selten. Ich solle mir wegen dieser Frau keine Sorgen machen. Für ihn sei nur ich wichtig. Und dann hat er mir hastig einen kleinen Zettel mit seiner Handynummer gegeben. Und er hat mir gesagt, er warte voller Sehnsucht auf meine Rückkehr.»

Ich war unsicher, ob es richtig war, Minori über Akikos Geschichte im Dunkeln zu lassen. Hätte Minori mir geglaubt? Hatte ich das Recht, mich einzumischen? Ich gab Minori schließlich die Adresse und Telefonnummer von Ahmets Firma. Das waren die einzigen Daten, die ich hatte. Minori legte auf, und ich hatte ein ziemlich ungutes Gefühl.

Nicht lang nach unserer Unterhaltung am Telefon bekam ich einen langen Brief von Minori. Darin schrieb sie, sie habe sofort Ahmets Firma angerufen und nach seiner Telefonnummer gefragt. Unter dieser Nummer habe sie mehrmals versucht, ihn zu erreichen. Aber jedes Mal habe sich ein fremder Mann gemeldet, der kein Englisch verstand. Als sie zum vierten Mal angerufen habe, habe eine ganz andere Stimme ihr mitgeteilt, dass der Besitzer des Handys vor kurzem gewechselt habe, und sie ihn nicht mehr stören solle. Sie wisse jetzt gar nicht, was sie tun solle. Sie sei völlig verzweifelt. Sie könne sich weder vorwärts noch rückwärts bewegen. Da sie unbedingt wissen müsse, was los sei, werde sie in den nächsten Tagen in die Türkei fliegen, um Ahmet aufzusuchen.

Das war eine schöne Bescherung! Ich erwog kurz, ihr die Geschichte von Akiko zu verraten. Aber ich überlegte es mir schließlich anders. Ich durfte nicht ausplaudern, was ich von anderen Kunden gehört hatte. Die Angelegenheit unterlag der Schweigepflicht. Trotzdem rief ich Minori auf ihren Brief hin an. Sie teilte mir mit, dass sie am nächsten Tag in die Türkei fliege und sich mit Ahmet treffen wolle. Auch sie versprach mir, genau wie Akiko, sich bei mir zu melden, wenn sie sich in der Türkei eingelebt habe. Sie wollte mich gar zu sich einladen, wenn ich allein in der Türkei Urlaub machen sollte. Ich sollte außerdem ihr Kind kennenlernen. Mir fehlten die Worte. Ein peinliches Schweigen zog sich am Telefon hin. Ich weiß nicht, wie sie mein Schweigen interpretierte, aber sie legte den Hörer auf ohne ein einziges, weiteres Wort. In den Wochen danach versuchte ich mehrmals, sie anzurufen, aber nie ging jemand ans Telefon.

Mehr als ein Monat war vergangen, seit Akiko und Minori in die Türkei abgereist waren. Da ich von keiner irgendwas gehört hatte, fasste ich mir ein Herz und nahm Kontakt mit Ahmets Firma auf. Ich wollte unbedingt etwas über den Verbleib der beiden Frauen herausfinden. Ich traute mich aber nicht, Ahmet direkt danach zu fragen. Ich schilderte einer Büromitarbeiterin kurz mein Anliegen und fragte, ob Ahmet geheiratet oder einen Besuch aus Japan gehabt habe. Die Frau am Telefon war sehr höflich und hilfsbereit, aber sie wusste von nichts und konnte mir nicht weiter helfen. Ich bat meinen Chef um Unterstützung, aber er lehnte ab.

«Das ist nicht deine oder unsere Aufgabe. Wir dürfen uns nicht einmischen. Du arbeitest nicht für die Polizei oder als Detektiv, sondern bei einem Reisebüro.»

Da hatte er natürlich Recht. Trotzdem hatte ich das Gefühl, ich musste etwas unternehmen. Daher fragte ich ihn, ob er mir wieder eine Reise in die Türkei übertragen könne. Ich hoffte, dass ich bei dieser Gelegenheit Informationen über Akiko und Minori bekommen konnte.

Meine türkische Partnerin sollte Esla sein, eine sehr nette Reiseführerin, die mir mein Chef etwas widerwillig zuwies. Esla war noch nicht so erfahren, und ihr Japanisch war nicht perfekt, aber die Art und Weise, wie sie mit den Kunden umging, war sehr angenehm und gefiel uns allen gut. Während der dreizehntägigen Reise wurden wir uns vertraut genug, dass wir auch Privates austauschen konnten. Also erzählte ich ihr eines Tages die Geschichte von den zwei verschollenen Frauen und Ahmet. Sie kannte Ahmet.

«Es ist die alte Leier. Er kann sein Berufsleben und sein Privatleben nicht getrennt halten. Seine Vorliebe für Frauen ist wirklich abnorm. Als ich gerade angefangen habe, als Reiseleiterin zu arbeiten, ist er auch mir nachgestiegen. Dabei hat er sich als ledig ausgegeben, obwohl er verheiratet war. Seine Frau wollte damals gerade ein Scheidungsverfahren gegen ihn einleiten, weil er sie mehrmals hintergangen hatte. Er erzählte mir, er sei als Austauschstudent etwa zwei Jahre in Tokio gewesen, und die Hälfte der weiblichen Klassenkameraden sei zu ihm ins Bett gestiegen, und die andere Hälfte wartete nur darauf.»

«Hast du irgendwas mitgekriegt, zum Beispiel, dass er in letzter Zeit eine Japanerin geheiratet hat oder bald heiraten wird, oder dass er momentan Besuch aus Japan hat?»

«Nein. Er arbeitet ganz normal, glaube ich.»

«An wen soll ich mich, deiner Meinung nach, um Rat wenden?»

«Es tut mit sehr leid, aber ich glaube, niemand wird dir helfen.»
«Warum?»

«Die Vorgesetzten im Büro drücken komischerweise bei ihm immer ein Auge zu, obwohl er wegen seiner Frauengeschichten einen ziemlich schlechten Ruf hat. Sie versuchen sogar, die Beschwerden von Kunden zu vertuschen. Keiner von uns weiß, warum.»

«Aha.»

Nach langem Schweigen sprach sie aber doch weiter.

«Ich weiß nicht, ob ich dir davon erzählen darf. Sag bitte niemandem, dass ich mit dir darüber gesprochen habe. Dem Gerücht nach konsumiert er oft Drogen. Wir tippen auf Amphetamine oder so etwas. Er baggert die Frauen an, die ihm gefallen, und sobald er sie ins Bett gekriegt hat, lässt sein Interesse an ihnen nach. Man munkelt, er benutze die Frauen manchmal für den Drogenverkauf. Oder, wenn die Frauen aus reichen Familien stammen, klopfe er bei ihnen mit einer erfundenen Geschichte um Geld an, um weitere Drogen kaufen zu können. Wenn er von den Frauen dann die Nase voll hat, gibt er ihnen den Laufpass. Es geht sogar das Gerücht, dass er als Zuhälter tätig ist und einige Frauen ins Bordell oder auf den Strich schickt.»

Ich bekam ein flaues Gefühl im Magen.

«Warum legt ihm denn keiner das Handwerk? Warum kann er dann weiter diesen Job machen?», rief ich aufgeregt.

«Erstens: Er spricht am besten Japanisch von allen Reiseleitern. Unsere Vorgesetzten können es sich nicht leisten, ihn nicht zu beauftragen. Und zweitens scheint ihn irgendjemand zu schützen. In der Vergangenheit wurde schon einmal bei der Polizei gegen ihn Anzeige erstattet. Aber die Polizei hat die Anzeige einfach igno-

riert. Weißt du, warum? Er ist der Sohn eines einfluss-
reichen Politikers, genau genommen der uneheliche
Sohn. Andere sagen auch, er stehe mit der Mafia in
Verbindung. Ich weiß nicht, welches Gerücht wahr ist,
aber ich empfehle dir, dich aus dieser Angelegenheit
herauszuhalten. Also vergiss das Ganze.»

Ich war erschüttert und musste tief durchatmen.
Wahrscheinlich hatte Esla Recht, ich sollte meine Finger
davon lassen. Ich konnte nicht auf eigene Faust Ermittlungen anstellen. In einem letzten Versuch wandte ich
mich an die japanische Botschaft in Istanbul. Aber dort
vertröstete man mich. Man erklärte mir, dass, solange
keine offizielle Vermisstenanzeige vorliege, die Botschaft nichts unternehmen könne. Aber man werde ein
Auge auf den Herrn haben.

Auf meine dringende Bitte hin wurde Ahmet endlich auf der schwarzen Liste unseres Unternehmens
eingetragen. Ich brauchte nicht mehr zu befürchten,
dass ich oder meine Kolleginnen mit ihm arbeiten mussten. Und auch unsere Kundinnen waren damit vor ihm
sicher. Aber weder von Akiko noch von Minori erhielt
ich je eine Nachricht. Ich weiß bis heute nicht, wo sie
sich aufhalten, oder wie es ihnen geht.

Samurai Japan – die Schlacht beginnt

Im Juni 1998 war Paris unerhört voll. Überall Menschenmassen, die sich durch die Stadt drängten. Kein Wunder, denn in jenem Monat fand in Frankreich die Fußballweltmeisterschaft statt.

In Japan war erst im Jahr 1993 die J-Liga, die erste Fußballprofiliga, entstanden. Der Profi-Fußball hatte noch keine Tradition in unserem Land. Aber 1998 qualifizierte sich unsere Mannschaft zum ersten Mal für die Weltmeisterschaft. Das war für Japan eine unglaubliche Sensation, und die Fußballfans wollten unbedingt nach Frankreich, um unsere Elf, Samurai Japan, vor Ort anzufeuern. Alle wollten die entfachte Begeisterung live miterleben. Es gab sogar etliche Japaner, die ihre Arbeitsstelle kündigten, um die ganzen vier Wochen in Frankreich verbringen zu können. Vier Wochen Urlaub hätten sie von ihrer Firma niemals bekommen.

Diese Situation war natürlich eine riesige Chance für geschäftstüchtige Reiseveranstalter. Keine Firma wollte sich die Gelegenheit entgehen lassen und verkaufte in diesem Jahr schon frühzeitig unglaublich viele Reisen nach Frankreich, Eintrittskarten für die Spiele des japanischen Teams selbstverständlich inbegriffen.

Unglücklicherweise aber stellte sich irgendwann heraus, dass die Reisebüros vom Fußballverband viel weniger Karten bekamen als geplant. Hektisch verhandelten die Reiseveranstalter mit der FIFA über ein größeres Kartenkontingent, aber die Verhandlungen blieben erfolglos. Nun saß man in der Klemme. Man hatte Reisen inklusive Tickets verkauft, verfügte aber über zu wenig Karten. Das war natürlich ein unerhörter Skandal! Was tun? Widerstrebend bot man den Kunden die kostenlose Stornierung der gebuchten Reise an. Aber nur wenige Kunden gingen auf dieses Angebot tatsächlich ein. Die Begeisterung der Japaner war so groß, dass kaum jemand die Reise rückgängig machen und auf diese einmalige Gelegenheit verzichten wollte, bei der WM vor Ort dabei zu sein. Die meisten Touristen stellten sich vielmehr starrköpfig auf den Standpunkt, dass die Reisebüros verpflichtet waren, den Vertrag zu erfüllen. Die Reiseveranstalter waren aufgefordert, sich gefälligst um die Einhaltung ihrer Versprechen zu kümmern. Die Touristen wollten kein Geld zurück, sondern Tickets.

Auf Anweisung des japanischen Verbands der Reiseunternehmer gingen die Reisebüros nun daran, auf jede nur erdenkliche Weise an Eintrittskarten zu kommen. Um das Gesicht der gesamten Reisebranche einigermaßen zu retten, mussten die Veranstalter alle Hebel in Bewegung setzen. Dabei war jedes Mittel recht. Auch wir Reiseleiter wurden mit einbezogen in das Projekt «Ticketfang».

Drei Tage vor der Eröffnungsfeier der Fußballweltmeisterschaft traf ich in Paris ein. Ausnahmsweise flog ich mit keiner Reisegruppe, sondern mit ein paar meiner Kollegen und unseren Abteilungsleitern. Wir waren unterwegs mit einem ganz speziellen Auftrag. Die Mission trug den Codenamen «Yellow Card». Unsere Aufgabe war es nicht, eine Reise zu führen, sondern die japanischen Kunden vor Ort zu betreuen. Der noch wichtigere Auftrag jedoch war, Tickets zu besorgen. Und zwar um jeden Preis. Die Abteilungsleiter hatten dafür jeweils einen silberfarbenen Aluminiumkoffer voll mit Bargeld dabei. Ein Abteilungsleiter zusammen mit einem oder zwei Reiseleitern bildeten ein Einsatzteam.

Ich ging mit unserem Chef Harada und meinem Kollegen Abe um das Stadion in Paris herum, um Personen ausfindig zu machen, die Eintrittskarten verkaufen wollten. Es schien, dass andere Reiseunternehmen auf dieselbe Idee gekommen waren, denn man sah eine ganze Reihe von Kollegen der Konkurrenz um das Stadion herumschleichen. Wir mussten also schnell sein. Die Anspannung war groß, und ich war tierisch aufgeregt. Ich hatte das Gefühl inmitten eines Spionagefilms geraten zu sein. Herr Harada konnte nicht richtig mit uns Schritt halten. Nicht nur weil sein Geldkoffer schwer war, eine Woche vor unserem Flug war er beim Golfspiel ausgerutscht und hatte sich dabei den Fuß verdreht, was ihn noch immer beim Laufen behinderte.

Deswegen ließen mein Kollege Abe und ich Herrn Harada an einer Ecke zurück und marschierten auf eigene Faust los. Wenn wir jemanden fanden, mit dem wir verhandeln konnten, würden wir ihn hinzuholen. Herr Harada wünschte uns viel Erfolg

«Ich bleibe hier, rauche eine Zigarette und warte auf eure guten Nachrichten. Vergesst nicht, dass wir viele Konkurrenten haben! Also flott, flott!»

Es dauerte nicht lange, da entdeckten wir einen Mann mit einer Baseballmütze und einer Sonnenbrille, der aussah, als ob er etwas zu verkaufen hätte. Abe, der Französisch konnte, sprach ihn sofort an. Der Mann bot uns zuerst 10 Karten für 10.000 Euro an (damals natürlich noch französische Francs), aber Abe feilschte den Preis auf 5.000 Euro herunter. Das war zwar immer noch teuer, aber überhaupt Karten zu bekommen, hatte oberste Priorität. Abe verhandelte mit dem Mann weiter, vielleicht konnte er uns noch mehr Karten verkaufen. Währenddessen lief ich zu Herrn Harada, um ihn und das Geld zu holen. Er stand entspannt an der Säule, an der wir ihn zurückgelassen hatten, und rauchte. Er fiel in seiner Aufmachung – ein dunkelblauer Anzug, ein weißes Hemd mit einer grauen Krawatte – und seinem entspannten, unachtsamen Verhalten ziemlich auf. Als ich ihn erreichte und gerade ansprechen wollte, merkte ich, dass der Koffer, der soeben noch zu seinen Füßen gestanden hatte, nicht mehr da war. Der Koffer mit dem ganzen Geld. Er war weg! Ich blickte reflexartig umher und sah gerade noch, etwa zwanzig Meter entfernt, eine Gestalt mit unserem Koffer davonlaufen.

«Herr Harada! Ihr Koffer! Der Dieb da vorne!»

Herr Harada zuckte zusammen

«Oh, Gott! Mein Koffer!» Er war vor Schreck wie gelähmt, panische Angst in seinen Augen. Ich weiß nicht mehr, warum ich das tat, aber ich drehte mich um und lief dem Dieb hinterher. Dabei schrie ich auf Japanisch «Dieb, Dieb», was natürlich niemand von den Menschen um mich herum verstand. Aber mein Geplärr machte zwei Polizisten auf mich und den davoneilenden Mann aufmerksam. Sie liefen hinter uns her. Der Dieb schien mittlerweile bemerkt zu haben, dass er entdeckt worden war, denn er fing an, das Lauftempo zu erhöhen. Als er um eine Ecke bog, rempelte er einen großen, bulligen Mann an, geriet ins Stolpern und stürzte. Der Aufprall war so heftig, dass ihm der Koffer entglitt, der prompt aufsprang. Ein paar Geldscheine flatterten heraus. Der Dieb rappelte sich auf und lief ohne den Koffer weiter. Ich stürzte mich auf den Koffer und stopfte hastig die herausschauenden Geldscheine hinein. Da standen auch schon die beiden Polizisten vor mir. Sie redeten sehr schnell auf mich ein – auf Französisch natürlich. Ich verstand kein Wort.

Mein Blick ging aufgeregt hin und her, von den Polizisten zum Koffer, wieder zu den Polizisten ... Erst in diesem Moment wurde mir klar, dass ich ihre Aufmerksamkeit wohl besser nicht hätte erregen sollen. Immerhin versuchten wir gerade, Eintrittskarten auf dem Schwarzmarkt zu erwerben. Und das war offiziell illegal. *Ich muss schnell weg, sonst werde ich verhaftet!* Dieser Gedanke schoss mir durch den Kopf. Im selben Augenblick entstand nicht weit entfernt ein anderer Tumult, der die beiden Polizisten einen kurzen Moment ablenkte.

Ich überlegte nicht lang, griff nach dem Koffer und machte mich auf und davon – aufs Geratewohl mitten hinein in die Menschenmenge. Dass ich mich natürlich genau dadurch verdächtig machte, hatte ich in meiner Panik nicht bedacht. Ich wollte einfach nicht wegen ein paar Eintrittskarten ins Gefängnis gesteckt werden. Wegen ein paar Tickets für irgendwelche wildfremden Menschen. Ich drängte mich durch die Menge und wusste nicht, wohin ich mich wenden sollte, konnte aber vor lauter Angst nicht stehen bleiben. Ziellos rannte ich weiter. Irgendwann und irgendwie schaffte ich es aus der Stadionanlage heraus, entdeckte einen Taxistand und sprang in das erstbeste Taxi hinein.

Der Taxifahrer schien einen kurzen Moment äußerst verwirrt, weil ich buchstäblich in sein Fahrzeug hineingehechtet war. Er versuchte mir irgendetwas mitzuteilen, fuchtelte wild mit den Händen herum und deutete auf ein weiter vorne stehendes Taxi. Sehr wahrscheinlich wollte er mir damit sagen, dass ich das erste Taxi in der Reihe nehmen sollte. Aber ich wollte keine Sekunde verlieren, ich wollte einfach nur schnell weg. Ich wiederholte wie wahnsinnig nur den Namen unseres Hotels und flehte den Fahrer zunächst vergeblich in Englisch an, sofort loszufahren. Schließlich gab er sich geschlagen, und machte endlich den Motor an. Dann kauerte ich mich tief in den Rücksitz, um nicht von den Polizisten entdeckt zu werden. Der Koffer stand brav und sicher zu meinen Füßen. Mein Herz schlug rasend schnell. Nach ein paar Minuten fasste ich Mut und spähte nach hinten, um zu prüfen, ob die Polizei hinter mir her waren. Doch es war kein Polizeiwagen zu sehen. Ich betete, diese Situation unversehrt zu überstehen. Die Fahrt zum Hotel dauerte eine Ewigkeit. Dort angekommen, gab ich dem Taxifahrer einen 100-Francs-Schein, verzichtete großzügig auf das Wechselgeld und sprang so rasch ich konnte aus dem Wagen. Ich wollte so schnell wie möglich in mein Zimmer verschwinden. Dort angekommen verriegelte ich die Tür. Mit den Kräften am Ende taumelte ich zum Bett und sackte zusammen. Die extreme Anspannung wich langsam aus meinem Körper, und ein gewaltiger Schauder überfiel mich.

«Ich kann nicht mehr weiter machen. Ich möchte mit dieser Mission nichts mehr zu tun haben», murmelte ich in mich hinein.

Vor Angst zitterte ich am ganzen Körper. Obwohl ich mich in meinem Zimmer eigentlich hätte sicher fühlen sollen, ließ die Angst mich nicht los. Tränen rannen mir über die Wangen.

Nach einer Weile wurde heftig an meiner Tür geklopft. Vor Schreck sprang ich auf. *Polizei! Sie hatten mich doch aufgestöbert. Ich werde verhaftet. Ich muss im französischen Knast sitzen. Ich habe einen Koffer mit viel Geld bei mir. Die Polizisten verlangen von mir bestimmt Rechenschaft über diesen Koffer. Das ist das Ende meines Lebens!* Aber es war nicht die Polizei, sondern Herr Harada. Er war sehr wütend, weil ich ihn am Stadion allein zurückgelassen hatte und plötzlich verschwunden war.

«Bist du da? Ich weiß, dass du da drin bist. Was hast du dir dabei gedacht? Ich spreche kein Französisch und kein Englisch. Wie konntest du einfach weglaufen. Nachdem du mich im Stich gelassen hattest, musste ich allein zum Hotel zurückkommen. Ich musste erst Abe suchen, der mich zurückbrachte. Jetzt mach schon auf», rief er aufgeregt vom Hotelflur aus.

Aber ich konnte mich nicht entschließen, die Tür zu öffnen. *Was soll ich machen, wenn Herr Harada draußen mit den Polizisten auf mich wartete? Wer weiß, ob er wirklich allein ist?*

«Jetzt mach schon auf. Ich weiß, dass du da drin bist. Die Kollegen haben dich wie einen Windhund hereinlaufen sehen», rief Harada. «Und wo ist mein Koffer? Weißt du, wie viel Geld in dem Koffer ist? Du hast ihn doch, oder?»

Weil ich keine Antwort gab, trommelte er mit beiden Fäusten an die Tür. Schließlich öffnete ich, ohne die Sicherheitskette zu lösen. Draußen stand Herr Harada rot vor Zorn und aus seinen Mundwinkeln tropfte Speichel. Aber, Gott sei dank, keine Polizisten. Ich erzählte Harada, was mir und seinem Koffer passiert war und versuchte ihm seinen Koffer durch den Schlitz, den die Kette ließ, zu übergeben. Herr Harada verlangte beharrlich, ihn hineinzulassen. Irgendwann gab ich meinen Widerstand auf. Immerhin war er mein Vorgesetzter. Beim Reinkommen riss er mir mit Gewalt den Koffer aus der Hand und überprüfte schnell den Inhalt. Er erkundigte sich weder nach meinem Befinden, noch fragte er nach dem Verlauf meines Abenteuers. Er stieß einen erleichterten Seufzer aus.

«Wir kaufen morgen alle Eintrittskarten, die der Mann anbot, den Ihr gefunden habt. Vielleicht zwanzig Karten oder sogar mehr! Abe hat mit ihm sehr gut verhandelt. Wir wollten die Tickets heute schon bezahlen, um sicherzugehen, dass wir sie auch garantiert kriegen, aber wir konnten nicht, weil du mit dem ganzen Geld verschwunden bist.»

Das war alles, was er zu sagen hatte, und das auch noch mit vorwurfsvollem Blick. *Hoppla, Chef, nicht ich bin damit weg, sondern der Dieb.*

«Aber er war, Gott sei Dank, ziemlich kooperativ. Wir haben mit ihm ausgemacht, dass wir uns morgen treffen und ihm alle Karten abkaufen. Er hat uns außerdem versprochen, dass er uns an Freunde von ihm vermittelt, die vermutlich auch Karten loswerden möchten. Abe spricht Französisch, dank seiner Sprachkenntnisse hat er das Vertrauen des Mannes gewonnen. Morgen machen wir weiter. Wir haben nicht mehr viel Zeit, bis die japanische Mannschaft ihr erstes Spiel hat. Ich hoffe nur, dass er nicht zu unseren Konkurrenten überläuft.»

Nachdem er alles, was er mitteilen wollte, gesagt hatte, verließ Harada mein Zimmer. Beim Hinausgehen sagte er beiläufig.

«In einer Stunde treffen wir uns in der Lobby. Wir gehen irgendwohin zum Essen. Wir machen für heute Feierabend.»

Nachdem Herr Harada endlich draußen war, überfiel mich eine unglaubliche Mattigkeit. Beim Essen war mein Abenteuer mit dem Dieb und der Polizei in aller Munde. Die Verfolgungsjagd hatte sich unter meinen Kollegen herumgesprochen.

«Du hättest die Hauptrolle in einem Krimi spielen können!»

«Aufregend!»

«Ich hätte dich gern live vor den Polizisten fliehen sehen. Aber ich war zu der Zeit auf der anderen Seite des Stadions. Schade!»

«Du hast unser Geld verteidigt! Du bist absolut eine Heldin!»

Das Lob meiner Kollegen klang in meinen Ohren irgendwie leer.

Nach dem Essen gingen alle schnell auf ihre Zimmer und ruhten sich für den nächsten Tag aus. Insgeheim träumte ich davon, dass ich meine Mission verweigerte und Paris sofort verließ, bevor die Polizisten mich ausfindig machten. Aber ich konnte natürlich meine Kollegen nicht im Stich lassen. Wir saßen schließlich alle in einem Boot. Ich durfte nicht aus der Reihe tanzen. In jener Nacht versuchte ich vergeblich ein Auge zuzutun. Immer wieder durchlebte ich das Abenteuer mit den Polizisten. Mein Herz schlug mir jedes Mal bis zum Hals, wenn ich mich an die Flucht erinnerte. Nachdem ich endlich in Schlaf gefallen war, träumte ich davon, dass ich gewaltsam von der Polizei ins Gefängnis gezerrt wurde. Ich stand stocksteif vor einem barbarisch aussehenden Gefängniswächter, der mich offenbar foltern wollte. Ich schreckte im Bett hoch und war in Schweiß gebadet.

Als ich beim gemeinsamen Frühstück zögerlich meinen Wunsch äußerte, einen anderen Auftrag zu bekommen, wurde mir die Bitte überraschender-weise gewährt. Ich tauschte meine Aufgabe mit einem meiner Kollegen. Meine neue Pflicht war die Betreuung der Kunden, für die noch keine Karte gesichert werden konnte. Diese Aufgabe war auch kein Kinderspiel. Aber sie verwickelte mich zumindest nicht mehr in illegale Aktivitäten. Ich war sehr zufrieden damit.

Während die Eröffnungszeremonie der Weltmeisterschaft live im Fernsehen übertragen wurde, veranstalteten wir eine Verlosung. Der Tagungsraum, der vorübergehend als unser Büro fungierte, war zum Bersten voll mit aufgeregten japanischen Fußballfans. Viele Touristen waren ohne Ticketgarantie nach Paris gereist in der vagen Hoffnung irgendwie doch noch zu Eintrittskarten zu kommen. Alles, was wir ihnen anbieten konnten, waren die Karten, die wir vor Ort ergatterten. Niemand wusste, wie viele Karten überhaupt auf dem Schwarzmarkt kursierten, und wie viele davon wir erwerben konnten.

Mehr als dreihundert Japaner, die ihre Hoffnung auf diese Verlosung setzten, warteten gespannt darauf, dass sie an die Reihe kamen, um ein Los zu ziehen. Insgesamt verfügten wir über 62 Karten. Etwa ein Fünftel der Anwesenden konnten wir also mit Eintrittskarten versorgen. Im ganzen Raum herrschte Hochspannung, die Luft knisterte förmlich.

Die Lose hatten wir selbst gebastelt. Wenn man ein Los mit einer roten Ziffer zog, bedeutete es, dass man eine Karte bekam. Nachdem alle ihr Los gezogen hatten, wurden sie hastig geöffnet. Für wenige Sekunden herrschte atemlose Stille im Raum. Dann brachen die einen in grenzenlosen Jubel aus, während andere schwere Seufzer ausstießen. Die Menschen, die das große Los gezogen hatten, klatschten in die Hände, schrien «Hurra!» und führten Veitstänze auf. Diejenigen, die eine Niete gezogen hatten, standen betreten daneben und hüllten sich in Schweigen. Manchen liefen Tränen über das Gesicht. Dann brach plötzlich Chaos aus. Einige derer, die eine Niete gezogen hatten, hielten die Verlosung plötzlich für Betrug. Sie forderten, die Verlosung rückgängig zu machen und zu wiederholen.

«Das ist nicht mit rechten Dingen zugegangen!», rief eine Frau mit puterrotem Gesicht.

«Es ist Eure Pflicht, uns allen Tickets zu geben!», brüllte ein kräftiger Mann.

«Wenn wir keine Tickets kriegen, ... wisst Ihr überhaupt, was dann passieren kann?»

Die Meute rückte bedrohlich nahe an uns heran. Eine Kollegin wurde von einem älteren Herrn in die Ecke geschubst. Im Chor riefen sie:

«Wir wollen Karten. Wir wollen Karten.»

Einige ballten die Fäuste. Wir waren umringt von wilden Sprechchören und grimmigen Blicken. Sie schienen immer mehr den Verstand zu verlieren. Ihr Benehmen stand mit ihrem Einverständnis vor der Reise in krassem Widerspruch. Ich hatte durchaus vermutet, dass es zu Schwierigkeiten kommen würde, aber ein so schlimmes Chaos hatte ich mir nicht vorgestellt. Wir bekamen es mit der Angst zu tun. Die Situation spitzte sich von Sekunde zu Sekunde mehr zu. Wir versuchten immer wieder, um Ruhe zu bitten. Vergeblich. Plötzlich tauchte eine junge Frau vor mir auf. Sie griff mich schroff bei der Schulter, zerrte mich mit voller Kraft zu sich hin und riss an meinen Haaren. Ich verlor das Gleichgewicht.

«Du, Mistvieh! Gib mir wenigstens eine Karte! Ich habe bei meiner Firma gekündigt, um drei Wochen in Frankreich sein zu können. Ich habe all meine Ersparnisse für diese Reise ausgegeben. Ich habe alles getan, um ein paar Spiele unserer Elf live anzuschauen. Deine Firma hat die Reise ursprünglich inklusive Karten verkauft, und uns kurz vor der Abreise benachrichtigt, dass nicht genug Karten vorhanden sind. Das ist nichts anderes als Betrug. Und ihr tut hier, als ob ihr Euch viel Mühe geben würdet, um noch Karten zu besorgen. Das ist meiner Meinung nach reine Heuchelei. Habt ihr überhaupt eine Rechtfertigung für euren Betrug?»

Ich wusste, dass es sinnlos war, mich auf eine Diskussion mit dieser Frau einzulassen. Sie würde mir, egal was ich sagte, niemals glauben.

«Ihr bestreitet jetzt jede Verantwortung! Wenn ich wieder in Japan bin, bringe ich Euch alle vor Gericht und verlange Schadenersatz!»

Nachdem sie mit ihrer Tirade fertig war, zog sie mit einer flinken Bewegung einen Schuh aus und schlug mir mit der Absatzkante gegen die Stirn. Mit aller Kraft. Ich spürte, wie meine Stirn platzte und lauwarmes Blut über das Gesicht lief.

Dieses Ereignis sorgte für vorübergehende Stille im Raum. Zwei meiner männlichen Kollegen hielten die Frau von hinten fest und führten sie aus dem Raum. Ich musste behandelt werden und wurde in ein Nebenzimmer gebracht. Dort legte ich mich auf eine Couch, froh, dem ganzen Tumult entkommen zu sein, auch wenn die Wunde ziemlich wehtat.

In den darauf folgenden Tagen fanden immer wieder neue Verlosungen statt. Immer wieder kam es dabei zu Beschimpfungen und manchmal auch zu körperlicher Gewalt. Die Stimmung war mies, und die ganze Situation emotional geladen.

Ein paar Tage nach der Schuhattacke auf mich gingen bei der Rezeption zeitgleich mehrere Beschwerden ein: Aus Zimmer 1268 sei ein unglaublicher Lärm und beängstigendes Geschrei zu hören. Da in diesem Zimmer Kunden unserer Firma wohnten, bat die Dame an der Rezeption mich, nachzusehen, was dort los sei.

Ich eilte hin und lauschte an der Tür. Nichts zu hören. Es herrschte absolute Stille. Worüber haben sich die Leute beschwert? Hier war gar nichts zu hören. Ich klopfte aber vorsichtshalber zaghaft an der Zimmertür. Nichts rührte sich. Ich klopfte nochmals. Wieder nichts. Als ich mich gerade zum Gehen wendete, ging die Tür einen Spaltbreit auf. Aber niemand tauchte auf. Ich ging näher heran, spähte durch die Türöffnung ins Zimmer hinein und sah durch den Schlitz ein heilloses Chaos. Die Möbel waren umgeworfen, und alle Arten von Gegenständen, Bücher, Flaschen, Regenschirme, lagen wild durcheinander. Es sah aus, als sei gerade ein Taifun durch das Zimmer gefegt. Ich war bestürzt.

«Lassen Sie mich bitte rein!», sagte ich und erzählte, warum ich hier war.

«Lassen Sie mich bitte rein!»

Endlich steckte ein junger Mann seinen Kopf heraus und nahm die Sicherheitskette ab. Ich betrat das Zimmer oder besser das, was vom Zimmer übrig war. Der Anblick verschlug mir den Atem. Der Raum war total verwüstet. Die Wände waren mit Flüssigkeiten bespritzt. An manchen Stellen bröckelte sogar Putz ab. Der Boden war übersät mit Splittern. Die Bilder an der Wand hingen schief, der Tisch und die Stühle waren umgekippt. Im Badezimmer war der Duschvorhang abgerissen worden, und die Splitter des Spiegels lagen wie ein ungeordnetes Puzzle auf dem Boden.

«Um Gottes willen!»

Herr Tanabe und Herr Miura lagen völlig entkräftet auf dem Teppich. Herr Tanabe hatte Kratzer im Gesicht und an den Armen, Herr Miura blutete aus der Nase. Herr Ozawa lag reglos hinter dem umgekippten Tisch. Herr Kinoshita, der mich hereingelassen hatte, war auch nicht unversehrt. Als er die Kapuze seines Pullis zurückschlug, kam eine riesige Beule direkt neben seinem linken Auge zum Vorschein. Die Beule war so heftig angeschwollen, dass ich ihn zunächst gar nicht erkannte.

«Was ist denn hier los?», rief ich entsetzt.

Ich konnte nicht umhin, sie mit Fragen zu löchern. Sie schwiegen nur. Ich ließ nicht locker. Endlich machte Herr Kinoshita zögerlich den Mund auf.

Die vier jungen Männer waren seit ihrer Studentenzeit gute Freunde. Vor drei Jahren hatte jeder eine Stelle in einer sehr angesehenen Firma angetreten. Alle vier hatten sie ihre Jobs nun anlässlich der Weltmeisterschaft aufgegeben und waren zusammen nach Frankreich geflogen, obwohl sie keine Karten bekommen hatten. Bei einer unserer Verlosungen hatten zwei von ihnen das Glück, eine Karte zu kriegen. Die anderen beiden waren leer ausgegangen. Und so kam es zum Streit unter den vier Freunden, der schließlich in eine Schlägerei mündete. Alle hatten bis zu diesem Tag einen sehr friedlichen und eher zurückhaltenden Eindruck gemacht. Ich konnte meinen Augen und meinen Ohren nicht trauen. Während Herr Kinoshita mir stockend erzählte, wie das Theater entstanden war, kauerten die anderen geistesabwesend auf dem Boden. Nach einer Weile, vielleicht um vom Thema abzulenken, fragte Herr Miura mich.

«Wie geht es der Wunde, die Ihnen die Frau neulich zugefügt hat?»

«Danke, es geht schon.»

«Was sollen wir jetzt tun? Wir haben unser Zimmer in Trümmer gelegt. Das wollten wir nicht.»

Herr Ozawa und Herr Tanabe nickten zustimmend.

«Ich glaube, Sie werden dem Hoteldirektor erzählen müssen, was Sie hier angestellt haben. Und Sie müssen sich sicherlich auf eine dicke Rechnung gefasst machen», sagte ich.

Sie machten ein so entsetztes Gesicht, als wäre ihnen erst jetzt aufgefallen, wie folgenschwer ihre Tat war.

«Mit wie viel Geld müssen wir Ihrer Meinung nach rechnen?», fragten alle wie aus einem Mund.

«Ich fürchte, ich habe nicht die leiseste Ahnung. Jetzt gehe ich zum Direktor und spreche mit ihm. Dazu möchte ich jemanden von Ihnen dabei haben. Begleitet mich jemand?»

Herr Kinoshita, der scheinbar der kleinmütigste von ihnen war, gehorchte ohne Widerrede. Weil sie sich wohlweislich gegen den Sachschaden, der auf einer Reise entstehen konnte, versichert hatten, hoffte ich, dass die Rechnung nicht über ihre Zahlungsfähigkeit ging.

Am nächsten Tag trat die japanische Mannschaft zum ersten Mal auf internationaler Bühne auf. Die Begeisterung unter den japanischen Touristen war enorm. Aber trotzdem war der Stimmungsunterschied zwischen denen, die Karten für das Spiel hatten, und denen, die keine hatten, deutlich spürbar. Die Letzteren wurden zu einer weiteren Verlosung nach diesem Spiel eingeladen. Obwohl meine Kollegen mit den Abteilungsleitern jeden Tag um Karten gekämpft hatten, sank unsere Ernte schlagartig. Seitdem die Weltmeisterschaft eröffnet war, nahm die Zahl der Polizisten in der Stadt erheblich zu. Im gleichen Verhältnis dazu fiel die Zahl der Schwarzhändler, und unser Geschäft lief schlecht. Diese Verlosung war deshalb die letzte Chance für alle, noch ein Los zu ziehen und eine Karte für das Traumspiel zu bekommen.

Viele hoffnungsvolle Touristen versammelt sich im Saal. Es herrschte wie immer äußerste Spannung. Und das Schicksal trennte wieder erbarmungslos die Gewinner von den Verlierern. Jubel und bodenlose Enttäuschung dicht an dicht.

Der nächste Vorfall ereignete sich direkt nach der letzten Verlosung. Wir waren in unserem Büro gerade mit bürokratischem Papierkram beschäftigt, als ich sah, dass ein Zettel unter der Tür durchgesteckt worden war. Eine Nachricht? Von wem? Ich ahnte nichts Gutes. Der Zettel war eine handgeschriebene Botschaft.

«Besorgen Sie mir eine Karte, sonst müssen Sie mit einem Bombenanschlag auf das Hotel rechnen. Das ist keine leere Drohung. Heute um 20 Uhr ist die letzte Frist für die Kartenübergabe. Wenn ich bis dahin keine Nachricht von Ihnen bekomme, fliegt das Hotel in die Luft.»

Oh, Gott! Ein Bombenanschlag! Ich stieß einen Schrei aus. Meine Knie wurden weich. Meine Kollegen wandten sich nach mir um. Ich las den Brief mit zitternder Stimme vor.

«Es ist schon 15 Uhr. Um den Bombenanschlag zu vermeiden, haben wir nur fünf Stunden Zeit! Was können wir nur tun?!»

Keiner sagte etwas. Alle schlugen die Hand vor den Mund. Wie in Schockstarre standen wir da. Endlich fiel einem von uns auf, dass der Brief keine Unterschrift trug.

«Das heißt, auch wenn wir für den Absender eine Karte irgendwie herzaubern könnten, wissen wir nicht, wem wir sie geben sollen.»

«Ja, aber wer würde denn auch eine Bombendrohung unterschreiben!», sagte jemand anders.

«Glaubt Ihr ernsthaft, dass einer von unseren Kunden die Kenntnis hat, eine Bombe zu basteln? Ich glaube es nicht. Das ist eine leere Drohung», gab eine andere Kollegin zu bedenken.

«Ja, ich glaube auch, dass diese Drohung nur ein übler Scherz ist.»

«Aber wenn sie doch in die Tat umgesetzt wird, ist es zu spät.»

«Ja, dann tragen wir die Schuld, wir tragen die Verantwortung!»

«Du bist doch doof! Wenn die Bombe wirklich explodiert, sind wir auch tot. Wie sollen wir dann die Verantwortung tragen?»

Zehn Minuten lang diskutierten wir hin und her, wie wir reagieren sollten. War der Brief überhaupt ernst zu nehmen? Aber schließlich waren sich alle einig: Wir sollten zumindest den Hoteldirektor darüber informieren. Dieser Fall überschritt völlig unsere Kompetenz.

Das Hotel war riesig, es hatte über 500 Zimmer. Zwar konnte sich niemand vorstellen, dass ein «harmloser» Tourist das ganze Hotel mit einer selbst gebastelten Bombe in die Luft sprengen könnte, aber die vielen unschuldigen Hotelgäste durften keinesfalls zur Zielscheibe eines wie immer gearteten Mordanschlags werden.

Unser Kollege mit den französischen Sprachkenntnissen, Abe, eilte in das Büro des Direktors und holte ihn zu uns. Abe erzählte ihm von der Bombendrohung. Ein Schatten huschte über das Gesicht des Direktors, aber er bewahrte professionell die Fassung. Er hatte als Hoteldirektor bestimmt schon viele schlimme Erfahrungen durchgemacht, vermutete ich. Eine Sekunde später rieb er sich das Kinn und sagte entschlossen:

«Wir lassen uns von einer solche Drohung nicht verunsichern lassen. Aber die Sicherheit der Gäste muss an erster Stelle stehen. Ich benachrichtige die Polizei. Sie weiß am besten, was zu tun ist.»

Nachdem der Direktor gegangen war, übersetzte Abe, was er gesagt hatte. Während er sprach, bemerkte ich, dass ein fremder Mann verstohlen hinter der Tür stand. Unwillkürlich legte ich einen Finger auf die Lippen.

«Halt!» Alle wandten sich zur Tür und folgten meinem Blick.

«Ich habe gerade einen Mann an der Tür lauschen gesehen. Ich glaube, die Bombendrohung sollte momentan noch unter uns bleiben. Sonst bricht unter den Gästen noch Panik aus. Wenn es dazu käme, haben wir kein Mittel mehr, das Durcheinander zu beherrschen.»

Ich ging schnurstracks zur Tür, blickte suchend nach links und rechts und schloss ab. Der Mann in der Tür war nirgendwo mehr zu sehen. Kurz darauf klingelte das Telefon. Wir schreckten hoch. Ich hob den Hörer ab, weil ich direkt neben dem Telefon stand.

«Was kann ich für Sie tun?»

Ich bemühte mich, in normalem Ton zu sprechen. Ich rechnete mit einem Kunden, der über den misslungenen Kartenerwerb klagen wollte. Die Stimme des Anrufers machte aber einen sehr zaghaften Eindruck, nicht im geringsten aggressiv. Er zögerte ein bisschen und fing endlich an zu sprechen, als ob er sich ein Herz gefasst hätte.

«Jemand hat Ihnen mit einem Bombenangriff gedroht, nicht wahr?»

Ich war über seine Frage so bestürzt, dass es mir die Worte verschlug. Woher wusste der Mann von der Drohung? Oder: War er womöglich der Verfasser des Drohbriefs? Ich fing vorsichtig an zu sprechen. Ich durfte keine unnötigen Worte machen.

«Mit wem spreche ich gerade, bitte?» Keine Antwort.

«Hallo, mit wem spreche ich?» Wieder keine Antwort.

«Sind Sie vielleicht die Person, die uns gerade einen Brief hat zukommen lassen?»

Wieder keine Antwort. Ich wartete. Plötzlich sprudelte es aus ihm heraus.

«Ich habe nicht beabsichtigt, Ihnen so große Schwierigkeiten zu bereiten. Ich möchte niemandem etwas zuleide tun. Wirklich! Ich schwöre es. Aber ich war so entsetzlich enttäuscht, dass ich meinen Ärger an jemandem auslassen musste. Ich hatte mir gar nicht vorgestellt, dass die Dinge sich zu einer so todernsten Angelegenheit entwickeln könnten. Ich lege natürlich keine Bombe. Die Drohung nehme ich hiermit zurück. Ich bitte Sie aus tiefstem Herzen um Verzeihung. Ich wünsche Ihnen einen ruhigen Abend.»

«Wie konnten Sie eine solche Aufregung verursachen? Das ist doch verrückt!»

Als ich diese Worte in die Muschel schrie, hatte der Mann schon aufgelegt. Um mich herum standen meine Kollegen und starrten mich neugierig an.

«Hast du gerade mit dem Mann gesprochen, der den Drohbrief geschrieben hat?»

«Ja. Er schwört, dass alles nur ein dummer Scherz gewesen sei.»

Abe informierte den Hoteldirektor unverzüglich über das Telefongespräch, und wir hatten erneut eine Besprechung mit dem Direktor. Wir kamen zu dem Schluss, dass wir es wohl kaum mit einem gefährlichen Täter zu tun hatten und dass wir die Hilfe der Polizei nicht mehr benötigten. Es schien, als sei die Sache erledigt.

«Normalerweise erstatten wir Anzeige in solchen Fällen», sagte der Hoteldirektor auf Englisch. «Aber wir machen diesmal eine Ausnahme. Auch wenn wir eine Suche nach dem Täter organisieren, finden wir ihn bestimmt nicht. Niemand kennt seinen Namen, niemand hat ihn richtig gesehen. Seine Fingerabdrücke auf dem Brief sind sicherlich nirgendwo registriert. Überdies hat bis jetzt keiner mitbekommen, was bei uns los war, außer Sie und ich. Der Fall ist abgeschlossen.»

Wir freuten uns sehr über seine großzügige Handlungsweise, denn es wäre auch für uns unangenehm gewesen, in polizeiliche Ermittlungen hineingezogen zu werden.

«Ich verstehe seinen Ärger und seine Enttäuschung sehr gut», fuhr er fort. «Ich habe mich auch intensiv um WM-Tickets bemüht, aber keine bekommen. Ich kann sein Gefühl sehr gut nachvollziehen. Natürlich lege ich deshalb noch keine Bombe in einem Hotel, insbesondere nicht in diesem Hotel.»

Er wollte sicherlich einen Scherz machen, aber irgendwie konnten wir nicht recht lachen.

Um 20 Uhr, dem Zeitpunkt, an dem der Bombenanschlag angekündigt war, fühlten wir uns alle etwas mulmig. Wir standen mit angehaltenem Atem in unserem Büro im Hotel und starrten gebannt auf die Uhr. Als der Stundenzeiger weiter tickte und nichts passiert war, fiel uns ein Stein vom Herzen. Nachdem wir uns davon überzeugt hatten, dass unser Hotel verschont geblieben war, gingen wir zum Abendessen aus.

Ich war unglaublich froh, dass die japanische Mannschaft bei der WM sehr früh, nämlich schon in der Gruppenphase, ausschied.

Nachwort

Mehr als zehn Jahre lang arbeitete ich als Reiseleiterin für japanische Reisegruppen. Ich habe über 5000 Gäste betreut, über hundertmal die Welt umrundet und achtzig Mal Neuschwanstein besucht. Die Reisen waren oft anstrengend und beschwerlich, aber ich empfand es stets als großes Vergnügen, den Menschen mit meiner Arbeit Freude zu bereiten. Die bizarrsten Erlebnisse habe ich in diesen Geschichten niedergeschrieben. Obwohl alle Ereignisse auf realen Geschehnissen beruhen, habe ich die Umstände und Namen so verändert, dass keine realen Personen identifizierbar sind.

Manchem Leser ist vermutlich aufgefallen, dass ich von einigen Reiseteilnehmern sofort geduzt werde, auch wenn sie mich noch gar nicht kennen, von manchen erst im Laufe der Reise. Ich dagegen bleibe in der Regel beim Sie. Im Deutschen empfindet man das als ungewöhnlich, wenn nicht gar unhöflich. Denn fremde Menschen siezen sich normalerweise. Und wenn sie sich duzen, dann gegenseitig – es sei denn ein Erwachsener spricht mit einem Kind. Im Japanischen aber ist die Höflichkeitsanrede eine höchst komplizierte Angelegenheit, und ich habe versucht, diese Eigenheit des Japanischen nicht einfach unter den Tisch fallen zu lassen.

Im Japanischen nämlich gibt es verschiedene Höflichkeitsstufen. Die sogenannte Respektssprache – auf Japanisch Keigo – besitzt nicht nur andere Formen, sie ist eine eigene Sprache mit eigenem Wortschatz. Personen, die in der Gesellschaft aufgrund ihrer sozialen Rolle – zum Beispiel Vorgesetzte, Funktionsträger, Kunden oder auch ältere Menschen – einen höheren Status einnehmen, werden auf Keigo angesprochen. So wird das Gegenüber sprachlich erhöht und der Sprecher selbst bringt sich in eine untergeordnete Position.

Zu dieser Gruppe gehören auch Kunden. Eine Reiseleiterin wird ihren Kunden gegenüber also stets ein hohes Höflichkeitsniveau wählen. Wenn man etwas vertrauter miteinander geworden ist, weil man sich auf der Reise besser kennengelernt hat, kann sich das Höflichkeitsniveau bisweilen auch ändern. In ihrer Rolle als Kunden dagegen tendieren die Reiseteilnehmer im Umgang mit ihrer Reiseleiterin zu einem niedrigeren Höflichkeitsniveau und einem etwas kumpelhafteren Umgangston. Als Kunden dürfen sie das. Ich habe im Deutschen versucht, diese Unterschiede durch die verschiedene Anrede zum Ausdruck zu bringen.

Keiko Wilhelm